Gleichstellung in der erweiterten Europäischen Union
Gender Equality in the Enlarged European Union

Verena Kaselitz/Petra Ziegler (Hrsg./eds.)

Gleichstellung in der erweiterten Europäischen Union

Gender Equality in the Enlarged European Union

PETER LANG
Frankfurt am Main · Berlin · Bern · Bruxelles · New York · Oxford · Wien

Bibliografische Information der Deutschen Nationalbibliothek
Die Deutsche Nationalbibliothek verzeichnet diese Publikation in der Deutschen Nationalbibliografie; detaillierte bibliografische Daten sind im Internet über <http://www.d-nb.de> abrufbar.

Gedruckt mit Unterstützung des Bundesministeriums für Wissenschaft und Forschung in Wien.

Gefördert durch

bmsk: SOZIALES UND KONSUMENTENSCHUTZ

und

WIEN KULTUR

ISBN 978-3-631-57237-5

www.peterlang.de

Danksagung

Auch wenn nur unsere Namen in der Herausgeberinnenzeile aufscheinen, so stehen hinter dem Buchprojekt viele, die diese Publikation ermöglichten. Daher gilt ihnen an erster Stelle unser Dank.

Ohne die fundierten und engagierten Beiträge unserer Autorinnen Nadejda Alexandrova, Milica Antić-Gaber, Hana Hašková, Živa Humer, Alena Křížková, Beáta Nagy, Gwenaëlle Perrier und Sabine Riedel wäre das Buch sehr dünn geworden. Ein besonderes Dankeschön geht an die Vizedekanin der Historisch-Kulturwissenschaftlichen Fakultät der Universität Wien Marianne Klemun, die den thematischen Einstieg verfasst hat.

Unser besonderer Dank gilt unseren Korrekturleserinnen und –lesern Martin Auer, Paul Catty, Sabrina Kaselitz, Birgit Schmid, Carla Schubert und Elke Ziegler, die die einzelnen Beiträge sprachlich verbessert haben.

Dieses Buch basiert auf der Tagung „Gleichstellung in der erweiterten Europäischen Union", die am 20. und 21. April 2007 am Institut für Osteuropäische Geschichte der Universität Wien stattfand, und dankenswerterweise von Institutsvorstand Arnold Suppan und der Projektleiterin unseres parallel laufenden Forschungsprojektes Iskra Schwarcz unterstützt wurde.

Finanziell gefördert wurde die Herausgabe durch das Bundesministerium für Wissenschaft und Forschung, das Bundesministerium für Soziales und Konsumentenschutz – Männerpolitische Grundsatzabteilung und die Magistratsabteilung 7 – Kultur der Stadt Wien.

Zu guter Letzt gilt dem Peter Lang-Verlag unser herzlicher Dank für das Interesse an unserem Vorhaben, die unkomplizierte Abwicklung und die professionelle Unterstützung bei der Fertigstellung.

Verena Kaselitz und Petra Ziegler
Herausgeberinnen

Inhaltsverzeichnis

4. Vereinbarkeit von Beruf und Familie

5. Die Einbeziehung von Männern

Vorwort

Verena Kaselitz / Petra Ziegler

Obwohl in der öffentlichen Wahrnehmung kaum präsent, umfasst der Rechtsbestand der Europäischen Union (EU) zahlreiche Bestimmung zur Gleichstellung von Frauen und Männern sowie zum Verbot von Diskriminierung unter anderem aufgrund des Geschlechts. Die Mitgliedschaft in der EU bedingt die Implementierung des Gemeinschaftsrechts auf nationaler Ebene. Allerdings liegt das Wie der Umsetzung bei den Nationalstaaten und es stellt sich somit die Frage, wie wirksam die auf dem Gemeinschaftsrecht basierenden Rechtsvorschriften in der Praxis sind und wie sehr sie z.B. zur tatsächlichen Gleichstellung von Frauen und Männern beitragen.

Das vorliegende Buch basiert auf den Beiträgen der Tagung „Gleichstellung in der erweiterten Europäischen Union", die am 20. und 21. April 2007 am Institut für Osteuropäische Geschichte der Universität Wien stattgefunden hat. Ziel der Tagung war es, eine kritische Bilanz bisheriger Gleichstellungspolitik auf nationaler wie auf EU-Ebene zu ziehen sowie einen Ausblick auf Möglichkeiten, Chancen und Hindernisse einer künftigen Gleichstellungspolitik im europäischen Kontext zu geben. Es wurde vor allem auf die Situation in einigen neuen Mitgliedstaaten, wie Slowenien, Tschechien, Ungarn oder Bulgarien, aber auch in „alten" Mitgliedstaaten, wie Deutschland, Frankreich und Österreich, eingegangen. Dazu wurde die EU-Gleichstellungspolitik im Lichte der nationalen Umsetzung, der eigenständigen Gleichstellungspolitik, der jeweiligen Geschichte der Frauen(rechts)bewegung sowie der aktuellen Situation von Frauen in den oben genannten Ländern im Rahmen eines interdisziplinären und transnationalen Austausches diskutiert.

Die Tagung wurde im Rahmen des vom Jubiläumsfonds der Österreichischen Nationalbank geförderten Projektes „Gleichstellung in der erweiterten Europäischen Union" veranstaltet, das von Juli 2006 bis September 2007 von Social Change – Institut für Innovation in der Genderforschung und Gewaltprävention in Kooperation mit dem Institut für Osteuropäische Geschichte der Universität Wien durchgeführt wurde.

Die Fachtagung beschäftigte sich vor allem mit folgenden Fragestellungen:

- Wie wirken die von der EU vorgegebenen Richtlinien und Aktionsprogramme auf nationaler Ebene? Gibt es hierbei markante Unterschiede zwischen den EU-15 und den neuen Mitgliedsländern?
- Welche Gleichstellungsmaßnahmen wurden von den Nationalstaaten eigenständig gesetzt und wie wurden sie umgesetzt?
- Welche Zusammenhänge bestehen zwischen der Frauen(rechts)bewegung, der Umsetzung von Gleichstellungsmaßnahmen und der tatsächlichen Lebenssituation von Frauen in den einzelnen Ländern und europaweit?

- Können die Gleichstellungsmaßnahmen in der Praxis ihre Wirkung entfalten, sprich: entsprechen sie der realen Lebenssituation von Frauen?
- Wo bestehen Defizite der Gleichstellungsmaßnahmen? Können Empfehlungen für zukünftige Verbesserungen abgegeben werden?

Im Rahmen der Nachbereitung der Veranstaltung wurde von beinahe allen Referentinnen ein überarbeiteter Beitrag zu ihren Vorträgen verfasst, welche in diesem Sammelband veröffentlicht sind.

In ihrem thematischen Einstieg gewährt die Vizedekanin der Historisch-Kulturwissenschaftlichen Fakultät, Marianne Klemun, einen Einblick in die Gleichstellungspolitik aus der Sicht einer universitären „Funktionsträgerin".

Das erste Kapitel beschäftigt sich mit Rechtsvorschriften der EU in den Bereichen Gleichstellung von Frauen und Männern sowie Antidiskriminierung. Petra Ziegler gibt einen Überblick über die europäische Gleichstellungspolitik seit der Gründung der Europäischen Wirtschaftsgemeinschaft (EWG) 1957 sowie einen Ausblick auf noch ungelöste Problembereiche. Sabine Riedel beschäftigt sich in ihrem Beitrag mit normativem Hintergrund und Problemen bei der Umsetzung der Antidiskriminierungsrichtlinien in Deutschland und Frankreich.

Der zweite Abschnitt ist den neuen EU-Mitgliedsländern Tschechische Republik, Ungarn, Slowenien und Bulgarien gewidmet. Alena Křížková und Hana Hašková präsentieren die Auswirkungen von EU-Beitritt und -Mitgliedschaft auf Entwicklungen im Bereich der Gleichstellung in der Tschechischen Republik. Beáta Nagy beschreibt in ihrem Beitrag die Situation von Frauen auf dem ungarischen Arbeitsmarkt unter besonderer Berücksichtigung von Frauen in Führungspositionen. Živa Humer widmet sich den Auswirkungen des EU-Beitritts auf die nationale Gleichstellungspolitik und dem (fehlenden) Einbeziehen der Männer in diese. Nadejda Alexandrova bietet abschließend einen Einblick in die Entwicklung in Bulgarien, das erst 2007 Mitglied der Union wurde.

Ein eigenes Kapitel ist der Repräsentanz von Frauen in der Politik gewidmet. Anhand ihres Heimatlandes Slowenien beschäftigt sich Milica Antić-Gaber mit der Rolle von Frauen in der Politik und diskutiert einerseits die quantitative Beteiligung von Frauen und andererseits die Auswirkungen von (höherer) weiblicher Beteiligung am politischen Prozess.

Im vierten Kapitel beschreibt Gwenaëlle Perrier die Probleme bei der Vereinbarkeit von Beruf und Familie am Beispiel der Arbeitsmarktpolitik in der Region Ile-de-France. Das Thema Vereinbarkeit vor dem Hintergrund der österreichischen Situation diskutieren Verena Kaselitz und Petra Ziegler in ihrem Beitrag.

Abschließend behandelt Nadejda Alexandrova im Rahmen ihres zweiten Beitrags die Relevanz der Beteiligung von Männern an Gleichstellungspolitik und -maßnahmen am Beispiel Bulgariens.

Gleichstellungspolitik als Stagnation oder Bewegung und (oder) Normalisierung?

Befindlichkeiten aus der Sicht einer universitären ‚Funktionsträgerin'

Marianne Klemun

Einleitungsworte zu einem Thema wie diesem ließen sich aus der Position einer Funktionsträgerin in konventioneller Manier dafür nützen, die Institution Universität als eine vorbildliche darzustellen: Von ‚fortschrittlicher' Gleichbehandlungspolitik könnte die Rede sein, von der Gegebenheit, dass die Historisch-Kulturwissenschaftliche Fakultät eine Expansion der Frauenanteile – von 17,9% (2005) auf 21,7% (2007) bei Berufungen von ordentlichen Professorinnen im Unterschied zur Gesamtuniversität von 11,2% (2003) auf 13,7% (2007) aufweisen kann. Ebenso wäre mit der Tatsache zu prahlen, dass seit 2006 erstmals sogar zwei Frauen als Vizedekaninnen den Dekan an der Spitze der Fakultät bei der Leitung unterstützen, und einiges mehr. Gleichzeitig offenbaren uns solche Zahlen auch einen sehr niedrigen Steigerungseffekt in zeitlicher Hinsicht, der das politisch definierte Ziel der 40%-Quote – eine weitere exponentielle Entwicklung vorausgesetzt – trotz allem Optimismus in ferne Zukunft rückt. Haben die vielen Maßnahmen nicht gegriffen, die gläserne Decke zu durchstoßen, um Frauen auch in höhere Positionen zu bringen? Oder ist die Politik der kleinen Schritte dennoch als Erfolg zu veranschlagen, wie es uns die per Gesetz vorgesehenen Förderberichte weismachen wollen? Dass diese mehr der Repräsentation des Willens dienen als der Handlungsebene förderlich wirken, ist ebenfalls klar. Je weiter wir an die Spitze der akademischen Pyramide gelangen, wenn wir die Frauenanteile betrachten, desto prekärer erscheint allgemein der Befund. Repräsentation sollte aber nicht vor der Partizipation verhandelt sein.

Fest steht insgesamt gesehen, dass bezüglich der legistischen Regelungen und deren etappenweiser Konstituierung und Fortführung (etwa mit dem Bundesgleichbehandlungsgesetz und der Institutionalisierung der Arbeitskreise im Jahr 1990, des weiteren der Verankerung der Frauenförderpläne auf Basis der Satzungen an den österreichischen Universitäten), bei der ‚die Praxis immer wieder auf hoher Ebene in den Prozess der Normsetzung' (Holzleithner/Benke 2003:192) aufgenommen wurde, positive Einschätzungen gerechtfertigt scheinen. Solche Transferprozesse, die von der Praxis zur legistischen Regelung führen, geben zu Optimismus Anlass. Was die Umsetzung betrifft, bietet gerade die Tätigkeit der Arbeitskreise eine aktive Chance für das situative Agieren bei Personalangelegenheiten an der Universität. Sie bedeuten – pauschal gesprochen – das Aufbrechen der zuvor ausschließlich auf die Karriere der Männer fokussierten Entscheidungsfindungen. Vielfach wird bei dem beruhigenden Blick auf die legistisch geregelte Situation vergessen, welche enorme Energie notwendig war, um die Normen in den Alltag und die Handlungen zu integrieren. Noch im Jahre 2001 meinte Elisabeth Holzleithner, auf ihre Tätigkeit als Vorsitzende des Arbeitskreises an der Universität Wien zurückblickend: ‚Erfolgreiche Aufsichtsbeschwerden im Rücken sind ein gutes Argument, um handelnde Organe von der Legitimität des Bemühens zur Gleichstellung zu überzeugen' (Holzleithner/Roth 2001:41).

Allerdings hielt auch nach der ersten Phase des enormen Auftriebs in den 1990er Jahren bei der Umsetzung bald die Realität einer Normalisierung Einkehr. Die Herstellung der Chancengleichheit für Frauen und Männer in der Personalpolitik der Fakultät legitimiert sich heute auch mit individuellen Aktivitäten (Mentoring etc.) (Wroblewski 2007), welche die strukturell vorgesehenen und gesetzlich fundierten Maßgaben der Universität (Frauenförderplan) ergänzen. Gerade letztere aber sind die Gründe für die Stagnation und nicht die einzelnen punktuellen Initiativen.

Michel Foucault hat uns in „Überwachen und Strafen" (Foucault 1998) das Verständnis geliefert, auf welchen Elementen moderne Gesellschaften und Institutionen beruhen. Es sind Techniken, die Kräfteverhältnisse konstituieren und auf Machtentfaltung über das Individuum abzielen. Das sind: Vergütung, Differenzierung, Klassifizierung und Hierarchisierung. Auf alle diese Kategorien habe ich mich bisher in meinen einleitenden Sätzen wie selbstverständlich bezogen, ohne sie jedoch explizit anzusprechen. In Institutionen generieren sie gemeinsam die Macht der Normalisierung und binden als homogenisierendes Prinzip alle Beteiligten ins System ein. Diese Normalisierung etabliere sich als Zwang, so die harte These Foucaults. Nicht die idealisierte, konstruierte oder angestrebte Gleichheit, sondern die institutionalisierte produziert jenen Konformisierungsrahmen, in dem unterschiedliche Chancen für Männer und Frauen aufgrund der Starrheit eben nicht wie erwartet ausgeglichen, sondern für Ungerechtigkeit umso poröser werden. Geschlechtergerechtigkeit auf allen Ebenen der Universitätshierarchie zu realisieren, ist einerseits unbestritten ein über das Gleichbehandlungsgesetz hinausgehendes selbstverständliches und allen Handlungen implizites Ziel, dennoch scheint diese Absicht wegen der Normalisierungstendenz andererseits in Gefahr zu geraten.

In der Rolle als Vizedekanin bin ich übrigens selbst sowohl Ziel- als auch Ansatzpunkt dieser Normalisierungsmacht, eben auch ihre Vollstreckerin, und unterliege ebenfalls diesen Konformitätszwängen. Als ehemaliges Mitglied des Arbeitskreises für Gleichbehandlungsfragen dieser Fakultät, der auf eine zwölfjährige Tätigkeit zurückblickt, weiß ich aus eigener Erfahrung, wie sehr diese Funktion einerseits mit enormer Arbeitsleistung verbunden ist und andererseits selbst den Konformisierungs- und Homogenisierungsprozessen ausgesetzt ist. Solchen institutionellen Rollen und Aufgaben, so legen es uns Soziologinnen wie Holland-Cunz nahe, fehle es prinzipiell an konkreten Utopien und noch mehr an Leidenschaft (Holland-Cunz 2003:173). Lebendigkeit und Effizienz erhalten sich nur dadurch, wenn sie an aktuelle Debatten und an ein Bemühen um alternative Konzepte und um Vielfalt der Ansätze geknüpft werden.

Damit möchte ich meine kurze Einleitung nicht in Richtung Pessimismus, sondern einer kritischen Skepsis lenken, die gewiss angebracht ist. Denn die

Gleichbehandlungspolitik ist theoretisch formalisiert in den Alltag, in den Staat, in die Kommunen etc. eingekehrt, ohne dass sie jedoch selbstverständlich geworden wäre und unsere Handlungen soweit bestimmen würde, dass wir nicht mehr über sie reden müssten. Sonst hätten wir andere Statistiken vor uns liegen. Einschlägige Webpages und Kampagnen sind zwar an der Tagesordnung, dennoch erlahmt die Gleichstellungspolitik. Sie gilt als unverzichtbares Design und sie ist wie alle anderen ‚Events' ein Objekt der Öffentlichkeitsarbeit. Die Frage der Angemessenheit bleibt dabei auf der Strecke. Die Ermüdungserscheinungen und der Verschleiß der Beauftragten sind auch deshalb massiv, weil sich Engagement und Ergebnis nicht die Waage halten. Expertinnen wie Dianne Court etwa haben alle Bürokratisierungsrepräsentantinnen der Gleichbehandlungspolitik, die sogenannten berufsfeministischen Akteurinnen, schon vor vielen Jahren ketzerisch auch als „femocrats" (Franzway et al. 1989) bezeichnet. Es handle sich um einen Apparat, der zwar unbestritten und unverzichtbar sei, der aber ohne Anbindung an eine aktuelle Diskussion über Gleichheit und Gerechtigkeit nicht lebendig funktionieren könne. Eine solche Diskussion findet sich jedenfalls in diesem Band artikuliert, zu dessen Zustandekommen ich nicht aus formalen, sondern vor allem aus den zuvor erläuterten inhaltlichen Gründen gratuliere!

Literatur

Foucault, Michel (1998), Überwachen und Strafen. Die Geburt des Gefängnisses. Frankfurt am Main, 14. Auflage.

Franzway, Suzanne / Court, Dianne / Conell, R.W. (1989), Staking a Claim. Feminism, Bureaucracy and the State. Cambridge.

Holland-Cunz, Barbara (2003), Die alte neue Frauenfrage. Frankfurt am Main.

Holzleithner, Elisabeth (2003), „Gender Mainstreaming" an den Universitäten. Fortschritt, Rückschritt oder Stillstand, in: BUKO (Hochschulpolitische Informationen der Bundeskonferenz des wissenschaftlichen und künstlerischen Personals) Wien, 32-37.

Holzleithner, Elisabeth / Roth, Roswitha (2001), Sitten und Sprache als Spiegel der Gleichbehandlungskultur an den Universitäten. 10 Jahre Arbeitskreise für Gleichbehandlungsfragen. In: Hey, Barbara / Pellert, Ada (Hrsg.) (2001), Frauenförderung = 25-45.

Wroblewski, Angela / Gindl, Michaela / Leitner, Andrea / Pellert, Ada / Woitech, Barbara (2007), Wirkungsanalyse frauenfördernder Maßnahmen im bm:bwk, Wien.

1

Gleichstellung und Antidiskriminierung in der Europäischen Union

Gender Equality Policies in the European Union

Petra Ziegler

1. Overview of European Gender Policies and the Europeanisation of Gender Equality Policies

1.1. Introduction

Equal opportunities legislation for female workers in the member states of the European Union was a direct consequence of European level judicial and legislative activity. The European Union was a major catalyst for securing the rights of working women. But the effect of EU legislation on gender equality is limited: Policies that go beyond the scope of article 119 (equal pay for equal work), like childcare provisions, welfare and taxation policies, continue to be part of member state legislation and jurisdiction. In addition the social democratic consensus, which resulted in gender equality legislation in the 1970s, today no longer exists: Most national governments and employers' organisations prefer market-oriented, socio-economic policies and minimal state intervention (Mazey 1998:134-136).

1.2. EU Treaties

The *Treaty of Rome*, establishing the European Economic Community in 1957, focused on the creation of the single market. The only gender specific provision was article 119, which dealt with equal pay for equal work. The article was introduced because this principle was already part of the French legislation and France feared economic disadvantages if the other member states were able to pay their female workers less. Thus, economic considerations were an important factor in the introduction of gender policies, not equality between women and men (Herda 1997:66).

Article 119 of the Treaty of Rome says:

> "Each Member State shall during the first stage ensure and subsequently maintain the application of the principle that men and women should receive equal pay for equal work.
>
> For the purpose of this Article, "pay" means the ordinary basic or minimum wage or salary and any other consideration, whether in cash or in kind, which the worker receives, directly or indirectly, in respect of his employment from his employer.
>
> Equal pay without discrimination based on sex means:

(a) that pay for the same work at piece rates shall be calculated on the basis of the same unit of measurement;

(b) that pay for work at time rates shall be the same for the same job.[1]"

After the adoption of article 119 the national governments did not comply with it. Industrial action taken by female employees at a munitions factory (Herstal) in Belgium and the activities of the Belgium lawyer Eliane Vogel-Polsky, who argued in favour of a strong definition of article 119 in the courts, rescued article 119 from oblivion. The second Defrenne case against the Belgium state airline Sabena[2] resulted in the European Court of Justice's (ECJ) decision that article 119 was directly applicable (Mazey 1998:140ff, Hoskyns 1996).

The Treaty of Maastricht (1992) transformed the European Community into the European Union with its three pillars: the European Communities, Common Foreign and Security Policy, and Police and Judicial Cooperation in Criminal Matters. Especially the newly created Economic and Monetary Union (EMU) with its financial and budgetary discipline had a strong impact on public spending and national deficits. The Social Protocol, which was passed at the same time by eleven of the twelve member states[3], with its special measures for women on the labour market, had only a very limited effect (Erbe 2002:13f).

The *Treaty of Amsterdam* (1997) included some important changes concerning gender equality. The promotion of gender equality was defined as a common task of the Union in all policy areas (gender mainstreaming), and positive measures to compensate previous discrimination were explicitly permitted (Erbe 2002:67f). Article 2 cites equality between women and men as one of the major tasks of the European Union. All the activities detailed in article 3 are aimed at eliminating inequalities and promoting equality between women and men. Article 13 allows the Council to take appropriate action to combat, amongst others, discrimination based on sex. Article 141 is very important for the issue of gender equality. It replaces article 119 and consists of four paragraphs. The first paragraph establishes, following previous ECJ-rulings, equal pay for equal work and work of equal value. The second paragraph remains the same as in article 119. Paragraphs 3 and 4 were added:

"(3) The Council, acting in accordance with the procedure referred to in Article 251, and after consulting the Economic and Social Committee, shall adopt measures to ensure the application of the principle of equal opportunities and equal treatment of men and

1 Treaty Establishing the European Community, as Amended by Subsequent Treaties, Rome, 25 March 1957, Art. 119, online: http://www.hri.org/docs/Rome57/Part3Title08.html#Art119 (2007-08-08)

2 Case C-43-75 Gabrielle Defrenne v. Société anonyme belge de navigation aérienne Sabena

3 Great Britain did not participate.

> women in matters of employment and occupation, including the principle of equal pay for equal work or work of equal value."[4]

This means that the Council can decide with a qualified majority, which limits the scope for single member states to veto decisions.

> "(4) With a view to ensuring full equality in practice between men and women in working life, the principle of equal treatment shall not prevent any Member State from maintaining or adopting measures providing for specific advantages in order to make it easier for the under-represented sex to pursue a vocational activity or to prevent or compensate for disadvantages in professional careers."[5]

Paragraph 4 deals with positive measures for the under-represented sex in the field of employment. This means that men can also be targeted by these measures.

1.3. Directives

Directives are used to generate European unity and retain national particularities at the same time. Directives aim at legal harmonisation. Only the aims of the directive are binding, while it is the responsibility of the member states to adjust the instruments for achieving these aims to national peculiarities (Borchart 1999:65f).

The European Union adopted several directives concerning gender equality. The following two directives focus on equal pay and equal treatment:

> Council Directive 75/117/EEC of 10 February 1975 on the approximation of the laws of the Member States relating to the application of the principle of equal pay for men and women: The principle of equal pay includes the elimination of all sex-based discrimination for the same work or for work of equal value. Job classification systems must be based on the same criteria for men and women, and member states have to remove all provisions in collective agreements, wage scales or individual contracts that are contrary to the equal pay principle. Employees may sue their employer and are protected against dismissal in reaction to their complaint.

> Council Directive 76/207/EEC of 9 February 1976 on the implementation of the principle of equal treatment for men and women as regards access to employment, vocational training and promotion, and working conditions: Equal treatment for men and women in

4 European Commission: Employment, Social Affairs and Equal Opportunities: Gender Equality: Legislation: Legal Acts in the EC Treaty, online: http://ec.europa.eu/employment_social/gender_equality/legislation/ectreaty_en.html (2007-08-08)

5 ibidem

terms of their access to employment, vocational training and career advancement, and working conditions is the matter of the directive. Discrimination because of sex is prohibited for access to all jobs and posts at all levels of hierarchy, as well as for vocational training and retraining.

Other directives in the field of gender equality deal with social security, self-employment, pregnant women, parental leave, burden of proof, and access and supply of goods and services.[6]

Catherine Hoskyns (1996:116) describes the effect thus: "The adoption of an EC Directive is like throwing a rock into a pond: the effects produced are complex and interactive, and any linear progression is quickly distorted." The implementation of directives consists of the incorporation of the terms of the directive into national law as well as their application. These procedures are above all national, but are watched over and influenced by European institutions like the European Commission, the European Parliament and the European Court of Justice (Hoskyns 1996:116).

Besides the above-mentioned directives, the EU has adopted a series of perennial "positive action programmes" designed to promote gender equality beyond the workplace. Between 1982 and 2005 there were always positive action programmes relating to gender equality. However, during the current budgetary period from 2007-2013 for the first time no such programme is taking place. There is only the program PROGRESS[7], that is the Community Programme for Employment and Social Solidarity, and gender equality is merely one of its five components.

Other legally non-binding measures on gender equality are recommendations and declarations. Member states often agree upon this weak form of legislation if they cannot reach agreement on a binding directive.

1.4. Scope of EU Gender Policies

There are different assessments of EU gender policies. For example, Susanne Schunter-Kleemann (1992) describes the EU as a "*Herrenhaus Europa*" that recreates national gender inequalities at a supranational level (Schunter-Kleemann 1992). Melanie Piepenschneider (1996), on the other hand, claims that the EU's basic institutional principles can be seen as a chance to work for a new egalitarian gender contract (Piepenschneider 1996).

---

6 For more information see: European Commission. Employment, Social Affairs and Equal Opportunities: Gender Equality. Legislation. Legal Acts on Equal Treatment, online: http://ec.europa.eu/employment_social/gender_equality/legislation/legalacts_en.html (2007-08-08)

7 For further information see: European Commission: Employment, Social Affairs and Equal Opportunities: Progress, online: http://ec.europa.eu/employment_social/progress/index_en.htm (2007-08-06)

Simon Duncan (1996) argues that the EU has emerged from and primarily still is based on economic issues. Gender equality is not a primary issue, and even where equal opportunities have been addressed, this has usually been seen from an already gendered, economic perspective. For the founding members male workers populated the EEC and policies are based on this assumption. According to his argument, the causes of inequality are not tackled, like the problems of women being in peripheral and lower paid jobs in the first place. He argues that tackling symptoms is inadequate when those social processes producing gender inequality are left intact (Duncan 1996).

There are only limited gender equality policies beyond the labour market. But a redistribution of unpaid (care) work between women and men as well as qualitatively and quantitatively higher state supported (child) care facilities are important to integrate women into the labour market. Ilona Ostner and Jane Lewis claim that EU gender policies have to pass through "two needles' eyes" (Ostner / Lewis 1998). The first is the labour market context, the second the national gender order. Labour market context means that EU gender policies treat women as employees and taxpayers, and inequalities outside the labour market remain unaffected. The latter means that national gender orders with their labour market and social policies as well as attitudes towards the distribution of unpaid family work impact the national implementation of EU gender policies (Ostner / Lewis 1998:212f).

Birgit Sauer (2001) asserts that until the 1980s the EU regarded men and women as employees only. She argues that the early involvement of the EU in care work in the 1990s was an adjustment to new market demands. Gender-specific redistribution of unpaid work was not the aim. New policies were often discussed within the context of increasing flexible work arrangements (Sauer 2001).

Despite the above-mentioned shortcomings, EU gender policies have been and still are an important instrument for achieving gender equality. EU directives changed national legislation and introduced new legal concepts in the member states.

1.5. Europeanisation of Gender Equality Policies

ECJ rulings, national courts and the European Commission have their impact on the interpretation, enforcement and monitoring of the above mentioned provisions. There are two forms of enforcement provided for by the Treaty: the infringement proceeding under article 226 if a member state has failed to fulfil its obligations under the Treaty; and the preliminary decisions of the ECJ after reference from national courts under article 234 (Herda 1997:81).

Europeanisation of gender equality policies means the creation of European-wide norms and frameworks and their implementation and transformation into national legislation. The national context is characterised by divergent gender orders, so that different strategies are being used to implement European provisions (Liebert 2003:276).

Some member states did not have any specific gender policies before the implementation of the EU directives on equal pay and equal treatment. Adaptational pressure is expected to be high in these countries. Other member states already had national laws on gender equality, and adaptational pressure is expected to be low. But does this mean that countries with or without pre-existing legislation will comply better (Caporaso / Jupille 2001:23f)? The following section of this article will highlight important indicators on gender equality. Statistics will be presented for selected EU member states that will be discussed in the following articles.

2. Recent Developments on the European Labour Market

One starting-point of many analyses concerning gender equality in the European Union is indicators on the labour market. There are still major differences concerning the unequal distribution of employment, paid and unpaid work, and income.

A high level of female labour market participation is considered to be one of the key factors for increasing economic prosperity in the EU. Despite substantial advances in female employment, major discrepancies between men and women remain. In 2006, the employment rate for women rose again and stands at 57.4% for the EU-25. Despite this constant growth the gap between women and men is still approx. 15%. The male employment rate was 72.0% in 2006 (Eurostat 2007). The gap varies widely between the age groups: In 2005 it stood at 5.9% among young people (15-24 years), 16.7% for the core working age between 25 and 54, and 18.1% for people older than 55 years (European Commission 2007:5).

Employment rate – male/female (selected countries)

	2000		2006	
	Male	Female	Male	Female
Austria	77.3	59.6	76.9	63.5
Bulgaria	54.7	46.3	62.8	54.6
Czech Republic	73.2	56.9	73.7	56.8
France	69.2	55.2	68.5	57.7
Germany	72.9	58.1	72.8	62.2
Hungary	63.1	49.7	63.9	51.1
Slovenia	67.2	58.4	71.1	61.8

Source: Eurostat: Population and Social Conditions, Employment rate – males/females, online: www.ec.europa.eu/eurostat (2007-08-08)

The Eurostat employment rate is calculated by dividing the number of persons aged 15 to 64 in paid employment by the total population of the same age group. It covers the entire population living in private households, but excludes those living in collective households, like boarding houses, halls of residence or hospitals. The employment rate covers all persons who – during the reference week – did any work for pay or profit at least for one hour or were not working but had jobs from which they are temporarily absent, i.e. for sick or parental leave (Eurostat 2007). This Eurostat calculation differs from that by which many national employment rates are calculated.

The constant growth of female employment rates is also reflected in the proportionally faster decline in their unemployment rates: The gender gap was reduced from 2.8% in 2000 to 1.9% in 2006 in the EU-25 (Eurostat 2007).

Unemployment rate – males/females (selected countries)

	2000		2006	
	Male	Female	Male	Female
Austria	3.1	4.3	4.4	5.2
Bulgaria	16.7	16.2	8.6	9.3
Czech Republic	7.3	10.3	5.8	8.8
France	7.6	10.9	8.7	10.4
Germany	5.9	8.8	7.7	9.2
Hungary	7.0	5.6	7.2	7.8
Slovenia	6.5	7.0	4.9	7.2

Source: Eurostat: Population and Social Conditions, Unemployment rate – males/females, online: www.ec.europa.eu/eurostat (2007-08-08)

Based on the Eurostat definition, unemployment rates represent unemployed persons as a percentage of the labour market. Persons aged between 15 and 74 rank as unemployed if they a) are without work during the reference week, b) are currently available for work, i.e. are available for work within the following two weeks of the reference week, c) are actively seeking work, i.e. are looking for a job for four weeks before the reference week or have found a job that will start at least within the following three months (Eurostat 2007). This definition also often differs from national definitions of unemployment.

The problem of reconciling professional and private life, and the unequal distribution of paid and unpaid work, remains a difficulty for women. The employment rate of women between 20 and 49 years falls by 15% when they have a child, compared to the men's employment rate, that rises by 6% when they have a child. Demands for labour flexibility have a major impact on women: 32.9% work part-time in the EU-25, compared to 7.7% of men (European Commission 2007:5). Especially Germany and Austria have very high part-time rates for women, compared to traditionally lower rates in the post-socialist countries. Some risks concerning part-time work are lower remuneration that is often insufficient for an acceptable standard of living, lesser career and promotion opportunities, less time for further education, and the re-emergence of gender-specific roles (unpaid work for women, paid work for men).

Another indicator for measuring gender inequalities is occupational segregation. The increase in female employment has been achieved mainly in sectors and professions that were already dominated by women. Nearly four female employees out of ten work in the civil service, education, health or social work, and nearly half are clerical workers, sales persons, or unskilled or low-skilled workers (European Commission 2007:6). Horizontal occupational segregation means that women tend to work in different jobs or occupations than men. Vertical occupational segregation exists when men and women both work in the same job categories, but men commonly do the more skilled, responsible or better-paid work. For example, the majority of headmasters are men while the majority of teachers are women, the majority of hospital consultants are men while the majority of nurses are women (Hakim 1981:521).

These differences and inequalities result in the persistent gender pay gap. In the EU-25 women earn on average 15% less than men. Some reasons are: less remuneration for equal qualification; atypical employment with fewer chances for promotion or career; occupations with short job ladders; less paid overtime or bonuses; occupations in low-paid sectors.

However, it must be pointed out that the Eurostat calculation is based on the difference between average gross hourly earnings of male paid employees and of female paid employees as a percentage of average gross hourly earnings of male paid employees. The sample consists of all paid employees aged 16-64 who work 15 or more hours per week (Eurostat 2007). Very short part-time work – the preponderant majority of which is carried out by women – is not taken into consideration. Thus, national calculations including all hours worked are much higher than Eurostat's calculations on the gender pay gap in the member states.

Gender Pay Gap (selected countries)

	1999	2005
Austria	21	18
Bulgaria	n. a.	16
Czech Republic	22	19
France	12	12
Germany	19	22
Hungary	21	11
Slovenia	14	8

Source: Eurostat: Population and Social Conditions, Gender pay gap in unadjusted form, online: www.ec.europa.eu/eurostat (2007-08-08); n.a.: not available

One final indicator is the imbalance of women and men in decision-making positions, both in the economy and in politics. Less than one-third of all managers in the EU-25 are women, and the 50 biggest European companies had only one woman for every ten men on their management boards in 2005. Equal participation of women in politics, economy and society has been accomplished in neither the "old" nor the "new" member states. The situation in the Central and Eastern European countries is especially disappointing. In national Parliaments, the EU average proportion of women is only 24%, although in some countries it is lower: in Hungary only 10%, for instance, or Slovenia 13%. In the European Parliament it is 33% (European Commission 2007:6).

Members of single/lower houses of national Parliaments in EU member states (selected countries)

	2004		2006	
	Women	Men	Women	Men
Austria	36	64	33	67
Bulgaria	-	-	21	79
Czech Republic	15	85	16	84
France	13	87	13	87
Germany	32	68	33	67
Hungary	9	91	10	90
Slovenia	13	87	13	87

Source: European Commission: Report on gender equality 2007, 26

3. Conclusion

EU gender equality policies are often referred to as one of the best-elaborated EU social policies. In some member states the directives initiated first legal regulations or led to improvements for the situation of (working) women. Although the fear of unfair competition between women and men was a starting-point in the 1950s[8], the European Union established an important framework for gender equality policies in the member states during the following decades. One of the main difficulties in achieving greater equality between women and men on the labour market is the major inequalities in the area of unpaid work. Therefore redistribution of unpaid tasks and policies for reconciliation for both women *and* men, are necessary (von Doorne-Huiskes 1997:139f). Another important issue is that women and men still tend to choose different areas of education. Although in recent decades women

8 However it has to be said that in reality equal pay for equal work for women and men in France in the 1950s was as non-existent as it was in the other member states, even though France already had equal pay for equal work provisions within its national legislation.

outnumbered men in upper secondary and university education in most EU member states, traditional gender patterns still have a major impact on the choice of fields of study. Men still dominate mathematics, informatics and engineering, while women tend to choose teaching, social sciences, the arts and health. These differences in subject choices effectively result in gender segregation in the labour market. It would therefore be necessary to implement further policy steps with a view to desegregating education and vocational training.

Some researchers see EU gender policies as a new legal resource for European women to achieve gender equality. Other researchers criticise the narrow focus on women in the workplace, while other important aspects, like unpaid care and housework, are ignored. The equality principle does not address the existing unequal position of women and the need for positive action. For example, equal treatment in the social security scheme will help only those who are already in an equal situation. EU gender policies are concerned with people in employment and reinforce the public-private divide and the distribution of paid and unpaid work that places women in an unequal position. An already gendered 'hard' economic discourse dominates EU policy-making where men and male interests are the basis.

New developments on the labour market, like flexible and atypical work arrangements, or new gender orders, like the more egalitarian dual-earner system, call for new solutions at the national and European levels. It will be interesting to see if and how new gender policies are elaborated in the EU-27.

References

Borchardt, Klaus-Dieter (1999), Das ABC des Gemeinschaftsrechts, Brüssel

Caporaso, James / Jupille, Joseph (2001), The Europeanization of Gender Equality Policy and Domestic Structural Change. In: Cowles, Maria Green / Caporaso, James / Risse, Thomas (eds.), Transforming Europe. Europeanization and Domestic Change, Ithaca, London, 21-43

Duina, Francesco G. (1999), Harmonizing Europe. Nation-States within the Common Market, New York

Duncan, Simon (1996), Obstacles to a Successful Equal Opportunity Policy in the European Union. In: The European Journal of Women's Studies, Volume 3, Issue 4, November 1996, 399-422

Erbe, Birgit (2002), Anpassung oder Emanzipation der Frauen? Die Gleichstellungspolitik der Europäischen Union. In: Aichhorn, Ulrike (Hrsg.), Was bringt Europa den Frauen? Feministische Beiträge zu Chancen und Defiziten der Europäischen Union, Hamburg

European Commission. Employment, Social Affairs and Equal Opportunities, Gender Equality. Legislation. Legal Acts on Equal Treatment, online: http://ec.europa.eu/employment_social/gender_equality/legislation/legalacts_en.html (2007-08-08)

European Commission: Employment, Social Affairs and Equal Opportunities: Gender Equality: Legislation: Legal Acts in the EC Treaty, online: http://ec.europa.eu/employment_social/gender_equality/legislation/ectreaty_en.html (2007-08-08)

European Commission (2007), Report on gender equality between men and women 2007

Eurostat: Population and Social Conditions, online: www.ec.europa.eu/eurostat (2007-08-08)

Hakim, Catherine (1981), Job Segregation: Trends in the 1970s. In: Employment Gazette 1981, 89 (12), 521-529

Herda, Helene (1997), Gleichberechtigung und Chancengleichheit in der EU. In: Floßmann, Ursula (Hrsg.), Recht, Geschlecht und Gerechtigkeit. Frauenforschung in der Rechtswissenschaft, Linz, 63-93

Hoskyns, Catherine (1996), Integrating Gender. Women, Law and Politics in the European Union, London / New York

Liebert, Ulrike (2003), Between Diversity and Equality: Analysing Europeanisation. In: Liebert, Ulrike (ed.): Gendering Europeanisation, Brüssel / Wien, 11-46

Liebert, Ulrike (2003), Gendering Europeanisation: Patterns and Dynamics. In: Liebert, Ulrike (ed.): Gendering Europeanisation, Brüssel / Wien, 255-283

Mazey, Sonia (1998), The European Union and Women's Rights: From the Europeanisation of National Agendas to the Nationalisation of a European Agenda? In: Hine, David / Kassim, Hussein (eds.), Beyond the Market: The EU and National Social Policy, London, 134-155

Ostner, Ilona / Lewis, Jane (1998), Geschlechterpolitik zwischen europäischer und nationalstaatlicher Regelung. In: Leibfried, Stefan (Hrsg.), Standort Europa. Sozialpolitik zwischen Nationalstaat und europäischer Integration, Frankfurt am Main

Piepenschneider, Melanie (1996), Frauenpolitik in der Europäischen Union. Beiträge einer Tagung des Arbeitskreises Europäische Integration e.V. und der Vertretung der Europäischen Kommission in der Bundesrepublik Deutschland, 6. bis 7. April 1995 in Bonn, Baden-Baden

Pollak, Mark A. / Hafner-Burton, Emilie (2000), Mainstreaming Gender in the European Union, Harvard Jean Monnet Working Paper 2/00

Rees, Teresa (1998), Mainstreaming Equality in the European Union. Education, Training and Labour Market, London / New York

Sauer, Birgit (2001), Vom Nationalstaat zum Europäischen Reich? Staat und Geschlecht in der Europäischen Union. In: Feministische Studien: Geschlecht und Politik in Europa, 19. Jahrgang, Mai 2001, No. 1, 8-20

Schunter-Kleemann, Susanne (1992), Herrenhaus Europa. Geschlechterverhältnisse im Wohlfahrtsstaat, Berlin

Tesoka, Sabrina (1999), Judicial Policies in the European Union: Its Impact on National Opportunity Structures for Gender Equality, MPIfG Discussion Paper 99/2

Treaty Establishing the European Community, as Amended by Subsequent Treaties, Rome, 25 March 1957, Art. 119, online: http://www.hri.org/docs/Rome57/Part3Title08.html#Art119 (2007-08-08)

van der Vleuten, Anna (2004), Snail or Snake? Shifts on the domain of EU gender equality policies, Second Pan-European Conference. Standing Ground on EU Politics, Bologna, 24-26 June 2004

von Doorne-Huiskes, Anneke (1997), Equal Opportunities in the European Union: Theory and Practice. In: A. Geske Dijkstra, Janneke Plantenga (eds.): Gender and Economics. A European Perspective, London / New York, 139-152

Die EU-Richtlinien für Gleichstellung und gegen Diskriminierung

Normativer Rahmen und Probleme der Umsetzung in Frankreich und Deutschland

Sabine Riedel

Dieser Beitrag möchte zum Thema Gleichstellung der Geschlechter zwei Aspekte eingehender diskutieren: Zum einen wird anhand der Entstehungsgeschichte der europäischen Gesetzgebung gegen Antidiskriminierung der normative Zusammenhang zwischen Geschlechterdiskriminierung und anderen Formen von Benachteiligung erörtert. Hierzu gehören Diskriminierungen infolge einer rassischen oder ethnischen Zugehörigkeit, aus Gründen der religiösen oder weltanschaulichen Überzeugung, wegen einer Behinderung, des Alters oder einer bestimmten sexuellen Orientierung. Nicht zuletzt vor diesem normativen Hintergrund lässt sich die zentrale Frage beantworten, wie eine Benachteilung von Frauen inhaltlich gefasst und schließlich auch verhindert werden kann. Zum anderen sollen Probleme der Umsetzung europäischer Rechtsnormen in nationales Recht in den Blick genommen werden. Aus dieser Fragestellung lässt sich der politische Spielraum erkennen, der den jeweiligen nationalstaatlichen Akteuren/innen zur Verfügung steht, um die verschiedenen Formen von Benachteilung zu ahnden. Hier zeigt sich letztlich auch die Rolle der öffentlichen Meinung und des zivilgesellschaftlichen Engagements bei der Ausgestaltung der vorgegebenen EU-Richtlinien. Als zwei interessante Fallbeispiele wurden Deutschland und Frankreich ausgewählt. Denn hier kommen deutliche Unterschiede sowohl in den jeweiligen historischen Traditionen wie auch im politischen System dieser beiden EU-Mitgliedstaaten zum Vorschein.

1. Die EU-Gesetzgebung für Gleichbehandlung und gegen Diskriminierung

Das Jahr 2007 wurde auf Vorschlag der Europäischen Kommission zum „Europäischen Jahr der Chancengleichheit für alle“ erklärt. Eine Reihe von öffentlichkeitswirksamen Veranstaltungen sollen die Bürger/innen der mittlerweile 27 EU-Mitgliedstaaten über die neue EU-Gesetzgebung zu Antidiskriminierung informieren, die mit zwei verschiedenen EU-Richtlinien aus dem Jahre 2000 einen entscheidenden Schritt vorangebracht worden ist. Während die *Rassendiskriminierungsrichtlinie* Benachteiligungen „aufgrund der Rasse oder der ethnischen Herkunft“ verbietet, untersagt die *Gleichbehandlungsrichtlinie* „die Diskriminierung wegen der Religion oder der Weltanschauung, einer Behinderung, des Alters oder der sexuellen Ausrichtung in Beschäftigung und Ausbildung“ (Europäische Kommission 2005a:5, Europäischer Rat 2000a und 2000b). Mit diesen beiden Dokumenten wurden nicht nur die Rechte auf eine faire und gleichberechtigte Behandlung gestärkt, sondern auch zusätzliche juristische Mittel bereitgestellt, so dass sich Betroffene zukünftig gegen verschiedene Formen von Diskriminierung zu Wehr setzen können.

Die Entscheidung der EU-Kommission für eine solche öffentliche Kampagne war nicht nur der raschen Umsetzung der beiden Antidiskriminierungsrichtlinien in nationales Recht geschuldet. Sie ist auf den 1. Juni 2005 datiert und fällt somit in eine Zeit, in der die Europäsche Union in eine ernsthafte Krise geraten war (Europäische Kommission 2005b). Nur ein Jahr nach der letzten großen Erweiterungsrunde um die Reformstaaten Mittelosteuropas hatte die Mehrheit der Franzosen/Französinnen und Niederländer/innen den Entwurf für einen EU-Verfassungsvertrag in landesweiten Referenden abgelehnt und somit nicht nur die Erweiterung, sondern auch den Integrationsprozess vorübergehend zum Stillstand gebracht. Um der wachsenden Kritik an ihrer Politik entgegenzuwirken und die Legitimität der EU-Institutionen insgesamt zu stärken, legte die EU-Kommissarin für Kommunikation Margot Wallström Mitte Oktober 2005 einen sogenannten Plan D vor. Unter dem Motto Demokratie, Dialog und Diskussion wollte sie nationale Debatten über die Zukunft Europas anstoßen. Die nationalen Regierungen der EU-Mitgliedstaaten wurden aufgefordert, die Initiative hierfür zu übernehmen und die Bürgerinnen und Bürger der EU-Mitgliedstaaten in diesen Diskussionsprozess über wichtige politische Inhalte einzubeziehen (Gröber/Riedel 2005). In diesem politischen Kontext betrachtet war es sicherlich von der EU-Kommission beabsichtigt, die bereits geltenden EU-Richtlinien zur Antidiskriminierung in der europäischen Öffentlichkeit einem breiteren Publikum bekannt zu machen, um somit den Ansatz einer gemeinsamen europäischen Politik zu stärken, der über den reinen intergovernmentalen Ansatz hinausgeht.

Ein kurzer Rückblick auf die Entstehungsgeschichte der europäischen Gesetzgebung zum Schutz vor Diskriminierung zeigt, wie der normative und der neofunktionalistische Politikansatz zunächst parallel nebeneinander existierten und schließlich seit den 1980er Jahren zusammenwirkten. So hatte zunächst der Europarat in seiner Europäischen Menschenrechtskonvention (EMRK) aus dem Jahre 1950 einen Schutz vor Diskriminierung vorgesehen. Doch beschränkte sich der entsprechende Artikel 14 vorerst auf die in der Konvention garantierten Rechte: „Der Genuß der in dieser Konvention anerkannten Rechte und Freiheiten ist ohne Diskriminierung insbesondere wegen des Geschlechts, der Rasse, der Hautfarbe, der Sprache, der Religion, der politischen oder sonstigen Anschauung, der nationalen oder sozialen Herkunft, der Zugehörigkeit zu einer nationalen Minderheit, des Vermögens, der Geburt oder eines sonstigen Status zu gewährleisten.“ (Europarat 1950) Erst das Protokoll Nr. 12 aus dem Jahre 2000 hob diese Beschränkung auf, indem der Satzanfang „Der Genuß der in dieser Konvention anerkannten Rechte und Freiheiten [...]“ durch die Formulierung „Der Genuß eines jeden gesetzlich niedergelegten Rechtes [...]“ ersetzt wurde (Europarat 2000).

Die Gründungsverträge der Europäischen Gemeinschaft von Paris (1951) und Rom (1957) blieben dagegen auf eine Zusammenarbeit in den Wirtschaftssektoren der Eisen-, Stahl- und Kohleindustrie beschränkt (EGKS). In Bezug auf die politischen Rechte und Freiheiten konnten die EG-Gründerstaaten Belgien, Deutschland, Luxemburg, Frankreich, Italien und die Niederlande auf ihre Mitarbeit im Europarat verweisen, die schließlich eine Anerkennung der Europäischen Menschenrechtskonvention voraussetzte. Dennoch enthielten die Römischen Verträge bereits erste Bestimmungen zum Schutz der Arbeitnehmer/innenrechte: Artikel 7 und 48 verbieten bereits Diskriminierungen aus Gründen der Staatsangehörigkeit und Artikel 119 fordert eine „Gleichheit des Arbeitsentgelts ohne Diskriminierung aufgrund des Geschlechts". Erst mit dem Beitritt von sechs weiteren Mitgliedern, nämlich Dänemark, Großbritannien, Irland, Griechenland, Spanien und Portugal wurde der Schutz vor Diskriminierung allmählich weiter ausgebaut. Anlass hierfür gab der Vertrag von Maastricht aus dem Jahre 1992, in dem sich alle 12 Mitgliedstaaten auf „die Schaffung einer immer engeren Union der Völker Europas" geeinigt hatten. Für den neofunktionalistischen Ansatz war dies der Beweis für den vorausgesagten „spill-over-effect", wonach die Wirtschaftskooperation quasi automatisch zu einer immer engeren politischen Zusammenarbeit führen werde (Riedel 2008). Wie ein Blick in den Vertragstext zeigt, wurden mit dem neuen Vertrag nicht nur die Grundrechte der EMRK des Europarats gestärkt, sondern in Erweiterung der Sozialcharta der EG aus dem Jahre 1987 zusätzliche Artikel zum Schutz der Arbeitnehmer/innenrechte aufgenommen. So formuliert Artikel 2 des Protokolls über die Sozialpolitik ausdrücklich das Ziel der „Chancengleichheit von Männern und Frauen auf dem Arbeitsmarkt und Gleichbehandlung am Arbeitsplatz" (Europäische Gemeinschaft 1992).

Doch das eigentliche Fundament für die heutigen EU-Richtlinien zur Gleichstellung und gegen Diskriminierung legte der Amsterdamer Vertrag aus dem Jahre 1997, der nach der EU-Erweiterung durch Österreich, Schweden und Finnland nun von insgesamt 15 Mitgliedstaaten ausgearbeitet und getragen wurde (Europäische Gemeinschaft 1997). Die darin beschlossene Revision des Vertrags zur Gründung der Europäischen Gemeinschaft definiert bereits in Artikel 2 „die Gleichstellung von Männern und Frauen" als eine zentrale Aufgabe der Gemeinschaft. Ein zusätzlicher Artikel 3 (2) fordert die Gemeinschaft dazu auf, „Ungleichheiten zu beseitigen und die Gleichstellung von Männern und Frauen zu fördern". Darüber hinaus wird in Artikel 12 (ehemals Artikel 7) am Diskriminierungsverbot aus Gründen der Staatsangehörigkeit festgehalten und hierzu ein Artikel 13 ergänzt: Danach ist es dem Rat zukünftig möglich, „geeignete Vorkehrungen (zu) treffen, um Diskriminierungen aus Gründen des Geschlechts, der Rasse, der ethnischen Herkunft, der Religion oder der Weltanschauung, einer Behinderung, des Alters oder der sexuellen Ausrichtung zu bekämpfen." Zudem wurde Artikel 141 (zuvor Artikel 119) zur Gleichheit des Arbeitsentgelts ausgebaut, so dass die „Gleichbehandlung von Männern und Frauen in Arbeits- und Beschäftigungsfragen" fortan mit dem allgemeinen „Grundsatz der Chancengleichheit" in Verbindung gebracht wird. Schließlich zielt die Neufassung von Artikel 136 (zuvor Artikel 117) zur Entwicklung des Arbeitskräftepotentials nicht nur auf ein „dauerhaft hohes Beschäftigungsniveau", sondern zusätzlich auf die „Bekämpfung von Ausgrenzungen" auf dem Arbeitsmarkt.[1]

Im Verlauf des Jahres 2000 legte die Kommission zwei neue EU-Richtlinien vor, die der Rat auf Grundlage des neuen Artikels 13 genehmigte. Dies sind zum einen die Richtlinie zur Anwendung des Gleichbehandlungsgrundsatzes ohne Unterschied der Rasse oder der ethnischen Herkunft und zum anderen die Richtlinie zur Festlegung eines allgemeinen Rahmens zur Verwirklichung der Gleichbehandlung in Beschäftigung und Beruf. Während die erste Richtlinie den Rassismus in der Europäischen Union bekämpfen und Diskriminierungen aus rassischen oder ethnischen Gründen verhindern möchte (Europäischer Rat 2000a), geht es der zweiten Richtlinie um eine soziale und berufliche Integration benachteiligter Gruppen. Hierzu gehören die Gleichstellung der Geschlechter sowie die Bekämpfung aller Formen der Diskriminierung von Frauen (Europäischer Rat 2000b). Mit diesen Richtlinien wurden die EU-Mitgliedstaaten aufgefordert, innerhalb von drei Jahren ihre nationale Gesetzgebung diesem Gleichbehandlungsgrundsatz anzupassen.

Nur wenige Monate nach Inkrafttreten der beiden EU-Richtlinien zur Gleichstellung und zum Schutz vor Diskriminierung proklamierten die Staats- und Regierungschefs/innen der EU-Mitgliedstaaten am 7.12.2000 in Nizza die Charta der Grundrechte. In Anlehnung an die Europäische Menschenrechtskonvention sollen sie den Bürgern/innen der Europäischen Union umfassende Rechte und Gleichheit vor dem Gesetz garantieren. Darin verbietet Artikel II-81 die Diskriminierung aus den verschiedensten Gründen: „[...] insbesondere wegen des Geschlechts, der Rasse, der Hautfarbe, der ethnischen oder sozialen Herkunft, der genetischen Merkmale, der Sprache, der Religion oder der Weltanschauung, der politischen oder sonstigen Anschauung, der Zugehörigkeit zu einer nationalen Minderheit, des Vermögens, der Geburt, einer Behinderung, des Alters oder der sexuellen Ausrichtung".[2] Mit Artikel II-94 anerkennt und achtet die Union den Zugang zu den Leistungen sozialer Sicherheit und verpflichtet sich, soziale Ausgrenzung und Armut zu bekämpfen. Da die Grundrechtecharta nicht wie eigentlich vorgesehen in den Vertrag von Nizza aufgenommen wurde, blieb sie bis heute rechtlich unverbindlich. Als Teil II des Europäischen Verfassungsvertrags, den am 29.10.2004 zwar alle EU-Mitgliedstaaten unterzeichnet, bislang aber noch nicht ratifiziert haben, konnte sie ebenfalls noch nicht in Kraft treten.

---

1 Die einzelnen Änderungen des Vertrag zur Gründung der Europäischen Gemeinschaft vgl. unter: http://www.politische-union.de/egv/index.htm.

2 Vgl. Die Charta der Grundrechte der Union, in: Vertrag über eine Verfassung für Europa, Amtsblatt Nr. C 310 vom 16.12.2004, vgl.: http://eur-lex.europa.eu/JOHtml.do?uri=OJ:C:2004:310:SOM:DE:HTML.

Grafik 1: Entwicklung des Europäischen Rechts zum Schutz vor Diskriminierung

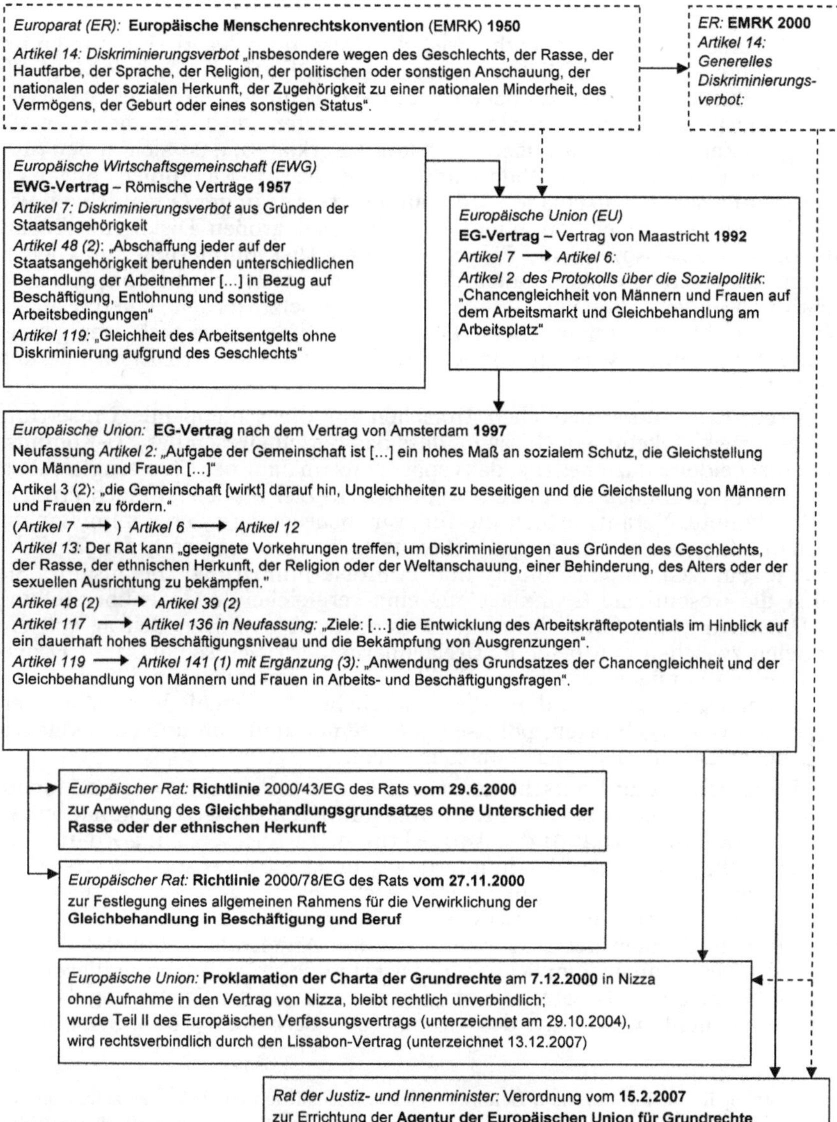

Quellen u.a.: Vertrag zur Gründung der Europäischen (Wirtschafts-) Gemeinschaft vom 25. März 1957 ursprüngliche Fassung (mit Änderungsindex bis 1999), vgl.: <http://www.politische-union.de>.

2. Die Umsetzung der EU-Richtlinien in Frankreich

Als Ende des Jahres 2003 die Frist zur Umsetzung der EU-Richtlinien für Gleichstellung und gegen Diskriminierung ablief, hatte als einziger Mitgliedstaat Großbritannien diese zeitlichen Vorgaben erfüllt. Wie ein Blick in die Gesetzgebungsprozesse der einzelnen Nationalstaaten zeigt, ist diese Verzögerung im Zeitablauf nicht unbedingt damit zu erklären, dass sich in den Mitgliedsstaaten plötzlich ein Widerstand gegen die EU-Richtlinien aufgebaut hätte. Am Beispiel Deutschland wird deutlich, dass es in der Öffentlichkeit wie auch in den nationalen Parlamenten noch einen großen Diskussionsbedarf gab. Dieser betraf sowohl die Frage, was unter Diskriminierung und Gleichstellung zu verstehen ist, als auch das Problem, inwieweit die vorgegebenen Richtlinien in der nationalen Gesetzgebung umgesetzt werden sollten. Einigen politischen Akteuren/innen gingen die neuen Bestimmungen nicht weit genug, um die Bürger/innen wirksam vor verschiedenen Formen der Diskriminierung zu schützen.

Trotz der unterschiedlichen Ursachen für die schleppende Umsetzung lässt sich rückblickend jedoch sagen, dass das Berichtswesen der EU-Kommission entscheidend dazu beitrug, dass spätestens im Jahr der Chancengleichheit 2007 das ursprünglich für Ende 2003 avisierte Ziel schließlich doch erreicht werden konnte. Verantwortlich hierfür war insbesondere der Kommissar für Beschäftigung, soziale Angelegenheiten und Chancengleichheit, der jährliche Berichte zur „Gleichbehandlung und Antidiskriminierung“ herausgibt. Sie bilden die wesentliche Grundlage für eine vergleichende Gegenüberstellung zur Umsetzung des Antidiskriminierungsrechts.[3] Für diesen Beitrag soll ein Vergleich zwischen den beiden EU-Nachbarländern Deutschland und Frankreich jedoch genügen, um einen Einblick in die komplexen politischen Zusammenhänge zu geben und auf die wesentlichen Unterschiede zwischen den nationalen Gesetzgebungen, politischen Systemen und den unterschiedlichen öffentlichen Debatten aufmerksam zu machen.

Im Gegensatz zu Deutschland begann Frankreich bereits wenige Monate nach dem Erscheinen der ersten Richtlinie mit deren Umsetzung in nationales Recht. So trat am 16.11.2001 das Antidiskriminierungsgesetz Nr. 2001-1066 in Kraft, das alle genannten Diskriminierungsgründe abdeckt (Loi n° 2001-1066). Kurz darauf, am 17.1.2002, folgte das Gesetz Nr. 2002-73 zur sozialen Modernisierung, das sich auf die EU-Gleichstellungsrichtlinie bezieht und direkte wie indirekte Formen der Diskriminierung am Arbeitsplatz verbietet (Loi n° 2002-73). Maßnahmen zum Schutz vor Diskriminierung fanden seit dieser Zeit aber auch Eingang in Gesetze, die nicht in erster Linie der Umsetzung der EU-Richtlinien dienten. So wird das Gesetz zum Verbot religiöser Symbole in

3 Vgl. Europäische Kommission, Generaldirektion Beschäftigung, soziale Angelegenheiten und Chancengleichheit, Referat D.3, Grundrechte und Bekämpfung von Diskriminierung (Hrsg.): Gleichbehandlung und Antidiskriminierung, Jahresbericht 2005, vgl. das Berichtswesen in allen europäischen Sprachen unter: http://www.stop-discrimination.info und die deutschsprachigen Berichte unter: http://www.stop-discrimination.info/1182.0.html#34216.

öffentlichen Schulen vom 17.3.2004 von der französischen Regierung ebenfalls als eine Maßnahme interpretiert, die eine Ungleichbehandlung aufgrund der Zugehörigkeit zu einer religiösen Gemeinschaft verhindern soll (Loi n° 2004-228). Darüber hinaus verstand sich auch das Gesetz für Chancengleichheit vom 31.3.2006 als ein Beitrag zur Bekämpfung der Diskriminierung aus religiösen oder ethnischen Motiven (Loi n° 2006-396). Schließlich sollte noch das Gesetz vom 11.2.2005 Erwähnung finden, das sich dem Schutz der Rechte von Menschen mit Behinderungen verpflichtet fühlt (Loi n° 2005-102).

Diese Vielzahl an Gesetzesinitiativen deutet darauf hin, dass die französische Regierung bei der Umsetzung der EU-Richtlinien für Gleichstellung und gegen Diskriminierung offenbar keine größere Überzeugungsarbeit leisten musste. Dies ist damit zu erklären, dass das politische System Frankreichs auf dem republikanischen Prinzip basiert, wonach alle Bürger/innen vor dem Gesetz gleiche Rechte und Freiheiten genießen. Die Zugehörigkeit zur französischen Nation ist im wesentlichen abhängig vom politischen Willen des/r Einzelnen, der/die über seine/ihre Nationszugehörigkeit – *nationalité* – hinaus eine *citoyenneté* besitzt. Diese *citoyenneté* ist nicht einfach mit dem Wort „Staatsbürgerschaft" zu übersetzen, sondern meint auch die soziale und politische Rückgebundenheit des/der Bürgers/in zu einer bestimmten Gesellschaft, die auch eine aktive Teilnahme erforderlich macht. Es liegt auf der Hand, dass Frankreich mit seinem politischen Nationsmodell die Antidiskriminierungspolitik der Europäischen Union soweit ohne Vorbehalte unterstützt, solange sie der individualrechtlichen Konzeption der Menschenrechte des Europarats folgt. Zurückhaltender verhält sich Frankreich jedoch gegenüber Maßnahmen des Minderheitenschutzes, die über die individualrechtliche Ebene hinaus bestimmte kollektive Sonderrechte einfordern. Die rasche Anpassung der nationalen Gesetzgebung an die EU-Richtlinien ist deshalb auch im Interesse einer Stärkung des individualrechtlichen Schutzes der Menschenrechte zu sehen.

Angesichts dieser regen Gesetzesinitiativen stellt sich natürlich die Frage, was die öffentlichen Institutionen seither unternommen haben, um auf der neuen gesetzlichen Grundlage Diskriminierung nachhaltig zu bekämpfen. Hierzu leistete die Gründung einer Gleichbehandlungsstelle einen wichtigen Beitrag, die durch ein Gesetz vom 31.12.2004 beschlossen worden war (Loi n° 2004-1486). Diese neue Institution unter dem Namen *haute autorité de lutte contre les discriminations et pour l'égalité* oder kurz HALDE hat nicht nur die Aufgabe, die neue Antidiskriminierungsgesetzgebung bekannt zu machen und die Bürger/innen über ihre neuen Rechte aufzuklären. Zu ihrem Tätigkeitsbereich gehört auch die Planung von öffentlichkeitswirksamen Aktionen sowie die Publikation neuer Studien zum Thema Gleichstellung und Antidiskriminierung.[4]

So sind bereits für das Jahr 2005 und 2006 jeweils zwei größere Berichte veröffentlicht worden, die interessantes Datenmaterial enthalten und einen Einblick über die Verteilung der verschiedenen Formen von Diskriminierung geben. Danach sei die Zahl der bei der HALDE gemeldeten Diskriminierungs-

---

4 Vgl. die Internetseite der HALDE unter: http://www.halde.fr.

fälle von 1.410 im Jahre 2005 auf 4.058 Beschwerden im Jahre 2006 gestiegen. In 24,42 Prozent der Fälle konnten die Betroffenen ihre Benachteiligung keiner bestimmten Form von Diskriminierung zuordnen. 35,04 Prozent gaben an, dass sie aufgrund ihrer rassischen oder ethnischen Herkunft diskriminiert wurden, dagegen nur 1,33 Prozent aufgrund der Religionszugehörigkeit. Die zweithäufigste Ursache von Benachteiligung ist mit 18,63 Prozent auf eine körperliche Behinderung oder gesundheitliche Beeinträchtigung zurückzuführen. 6,19 Prozent der Diskriminierungen geschehen aus Altersgründen, 5 Prozent aufgrund des Geschlechts, 3,7 Prozent wegen gewerkschaftlicher Aktivitäten, 2,05 Prozent als Folge familiärer Verhältnisse, 1,5 Prozent wegen der sexuellen Orientierung und 1,4 Prozent aufgrund einer bestimmten Weltanschauung. Interessant ist auch die Angabe der Betroffenen, in welchem gesellschaftlichen Bereich sie diskriminiert wurden. 42,87 Prozent geschehen am Arbeitsplatz, 22,45 Prozent bei öffentlichen und 4,37 Prozent bei privaten Dienstleistungen, 5,42 Prozent in Schule und Ausbildung (Haute Autorité de Lutte contre les Discriminations et pour l'Egalité 2006).

3. Die Umsetzung der EU-Richtlinien in Deutschland

Deutschland hat in vielerlei Hinsicht einen völlig anderen Weg zur Umsetzung der Antidiskriminierungsrichtlinien beschritten als Frankreich. Ein wesentlicher Unterschied liegt darin, dass erst die Änderung des deutschen Staatsangehörigkeitsgesetzes am 15.7.1999 eine intensive Debatte über das Thema Einwanderung und Integration auslöste. Bis zu diesem Zeitpunkt hatte sich die Mehrheit der deutschen Politiker/innen geweigert, Deutschland als ein Einwanderungsland zu bezeichnen und damit die ethnische, sprachliche und religiöse Heterogenität der deutschen Bevölkerung zur Kenntnis zu nehmen. Heute allerdings zweifelt keine Partei mehr daran, wie wichtig eine erfolgreiche Integrationspolitik gegenüber Einwanderern für den sozialen Zusammenhalt der Gesellschaft ist. Dementsprechend positiv ist derzeit die Einstellung aller Parteien hinsichtlich der europäischen Gesetzgebung gegen Diskriminierung. Deutliches Zeichen dafür war nicht zuletzt die Eröffnung des Europäischen Jahrs der Chancengleichheit am 30.1.2007 in Berlin. Unter der Schirmherrschaft der deutschen EU-Ratspräsidentschaft fanden sich dort rund 450 Delegierte aus allen EU-Mitgliedstaaten zu einem ersten Gipfeltreffen für Chancengleichheit zusammen, um öffentlichkeitswirksam für die neuen EU-Richtlinien zu werben.

Die derzeitige Bundesministerin Ursula von der Leyen, zuständig für Familie, Senioren, Frauen und Jugend, die das Gipfeltreffen federführend vorbereitet hatte, wurde in einem Interview für den Jahresbericht 2006 zur Umsetzung der Antidiskriminierungsrichtlinien mit den Worten zitiert: „Die Erkenntnis, dass die Gesellschaft bunter und vielfältiger geworden ist, sollten wir als Chance nutzen.“[5] Noch ein paar Jahre zuvor war ihre Partei, die Christ-

5 Vgl. Europäische Kommission, Generaldirektion Beschäftigung, Soziale Angelegenheiten und Chancengleichheit, Referat G4: Gleichbehandlung und Antidiskriminierung. Jahresbericht 2006, S. 34; vgl. <http://www.stop-discrimination.info/fileadmin/pdfs/Reports/

liche Demokratische Union (CDU), gegen die Reformpolitik der rot-grünen Bundesregierung Sturm gelaufen, das alte Staatsangehörigkeitsgesetz aus dem Jahre 1913 zu ändern und die in Deutschland geborenen Kinder ausländischer Eltern als deutsche Staatsangehörige zu akzeptieren. Auch an den damaligen Plänen der regierenden Sozialdemokraten und Grünen zur Umsetzung der Antidiskriminierungsrichtlinien übte die konservative Opposition grundsätzliche Bedenken. Sie kritisierte bereits den ersten Gesetzesentwurf vom 8.10.2001 mit dem Hinweis, er gehe über den vorgegebenen Rahmen der EU weit hinaus. Bundesjustizministerin Brigitte Zypries (SPD) zog deshalb ihren ersten Entwurf Anfang 2003 zurück, um ein Jahr später einen zweiten Gesetzesentwurf zu präsentieren, der schließlich am 16.12.2004 dem Parlament als neues Antidiskriminierungsgesetz (ADG) zur Diskussion vorgelegt wurde. Mit einfacher Mehrheit konnte die rot-grüne Bundesregierung am 17.6.2005 ihr Gesetzesvorhaben zunächst im Bundestag durchbringen. Doch im Bundesrat, der Länderkammer, brachten die Unionsparteien CDU/CSU das Vorhaben zu Fall.

So konnte in Deutschland die Umsetzung der beiden EU-Richtlinien erst nach neuen Parlamentswahlen und der Bildung einer großen Koalition aus SPD und CDU/CSU auf den Weg gebracht werden. Mitte 2006 wurde schließlich ein neues „Allgemeines Gleichbehandlungsgesetz“ (AGG) sowohl vom Bundestag als auch vom Bundesrat angenommen, so dass es offiziell am 18.8.2006 in Kraft trat. Es setzt sich zum Ziel, „Benachteiligungen aus Gründen der Rasse oder wegen der ethnischen Herkunft, des Geschlechts, der Religion oder Weltanschauung, einer Behinderung, des Alters oder der sexuellen Identität zu verhindern oder zu beseitigen“.[6] Dieses neue Gesetz fand vor allem deshalb die Unterstützung der konservativen und liberalen Parteien, weil zwei Punkte aus früheren Entwürfen verworfen wurden. Zum einen fallen zivilrechtliche Verträge zukünftig nicht wie ursprünglich geplant unter das Antidiskriminierungsgesetz. Zum anderen konnten die beiden großen Kirchen, die Katholische Kirche sowie die protestantischen Kirchen in Deutschland, die eigentlich den Status einer Körperschaft des öffentlichen Rechts genießen, auf ihrem Recht bestehen, nur eigene Konfessionsangehörige einzustellen.[7]

Trotz dieses positiven Ergebnisses sollte nicht vergessen werden, dass Deutschland die Frist zur Umsetzung der EU-Richtlinien um ganze drei Jahre überschritten hatte. Auch wenn eine ausführliche innerstaatliche Debatte notwendig war, so riskierte die damalige konservative Opposition mit ihrer grundsätzlichen Kritik ein Klageverfahren vor dem Europäischen Gerichtshof (EuGH). Anfangs verhielt sich die Europäische Kommission noch abwartend. Doch musste sie spätestens im Sommer 2004 tätig werden, weil auch

Annual_Reports_2006/annualrep06_de.pdf>.

6 Gesetz zur Umsetzung europäischer Richtlinien zur Verwirklichung des Grundsatzes der Gleichbehandlung, vom 14. August 2006, S. 1, vgl. unter: http://www.bgblportal.de/BGBL/bgbl1f/bgbl106s1897.pdf.

7 Europäische Kommission, Generaldirektorat für Beschäftigung, soziale Angelegenheiten und Chancengleichheit: Nationale Gesetzgebung, Informationen über die Umsetzung der EU-Direktiven in Deutschland, vgl. unter: http://www.stop-discrimination.info/1178.0.html.

Österreich, Finnland, Griechenland und Luxemburg die Frist um ein Jahr überzogen und ihre nationale Gesetzgebung bis dahin noch nicht den neuen EU-Richtlinien angepasst hatten.[8] So wurde am 28. April 2005 Deutschland offiziell vom EuGH wegen Vertragsverletzung insbesondere der Antidiskriminierungsrichtlinie 2000/43/EG vom 29.7.2000 rechtskräftig verurteilt.[9] Es bleibt eine offene Frage, ob und inwieweit dieser juristische Druck dazu beitrug, dass insbesondere die konservativen Parteien von CDU/CSU daraufhin ihre Kompromissbereitschaft signalisierten und sich seit der Verabschiedung des Allgemeinen Gleichstellungsgesetzes engagiert um dessen Umsetzung bemühen.

Abschließend sollte ein weiterer wesentlicher Unterschied zu Frankreich erwähnt werden: Während in Frankreich die HALDE als eine zentrale Gleichbehandlungsstelle gegründet wurde, sind in Deutschland derzeit drei wichtige politische Institutionen mit der Umsetzung der Antidiskriminierungsgesetzgebung befasst. Dies ist zum einen das Bundesministerium für Familie, Senioren, Frauen und Jugend unter der Leitung von Ministerin Ursula von der Leyen (CDU),[10] zum anderen die Beauftragte der Bundesregierung für Migration, Flüchtlinge und Integration, Maria Böhmer (CDU),[11] angesiedelt im Innenministerium, und schließlich die Beauftragte der Bundesregierung für die Belange behinderter Menschen, Karin Evers-Meyer (SPD).[12] Alle drei genannten Institutionen werden in verschiedenen Zusammenhängen, vor allem aber in Dokumenten der EU-Kommission, als Gleichbehandlungsstellen ausgewiesen (Europäische Kommission 2006). Doch wurde bereits im Artikel 25 des AGG festgehalten, dass die Antidiskriminierungsstelle des Bundes beim Ministerium für Familie, Senioren, Frauen und Jugend angesiedelt ist. Diese ist allerdings dazu verpflichtet, mit den anderen beiden genannten Institutionen sowie mit Nichtregierungsorganisationen zusammenzuarbeiten.[13]

---

8 Kommission geht vor den Europäischen Gerichtshof, um EU-Antidiskriminierungsvorschriften durchzusetzen, Brüssel, 19.6.2004, vgl. unter: http://ec.europa.eu/employment_social/news/2004/jul/infringement_de.html.

9 EuGh Urteil: Deutschland versäumt die Umsetzung der EU-Richtlinie gegen Diskriminierung aufgrund von Rasse, Brüssel, 28.4.2005, vgl. unter: http://ec.europa.eu/employment_social/fundamental_rights/pdf/legisln/ip05_502_de.pdf; vgl. die Internetseite zur Chronologie des Allgemeinen Gleichstellungsgesetzes mit Links zu Quellentexten, zusammengestellt von der Juristischen Fakultät der Humboldt-Universität zu Berlin: http://baer.rewi.hu-berlin.de/wissen/antidiskriminierungsrecht/allgemeinesgleichbehandlungsgesetz

10 Vgl. Bundesministerium für Familie, Senioren, Frauen und Jugend, Politik für Gleichstellung, unter: http://www.bmfsfj.de/Politikbereiche/gleichstellung.html.

11 Vgl. Beauftragte für Migration, Flüchtlinge und Integration, unter: www.integrationsbeauftragte.de.

12 Vgl. Beauftragte für die Belange behinderter Menschen: http://www.behindertenbeauftragte.de/index.php5.

13 Die Antidiskriminierungsstelle des Bundes, vgl. unter: http://www.bmfsfj.de/Politikbereiche/gleichstellung,did=81058.html.

4. Fazit und Ausblick

Will man abschließend ein kurzes Fazit aus dem Vergleich zwischen Frankreich und Deutschland hinsichtlich gesetzlicher Maßnahmen zur Gleichstellung und Antidiskriminierung ziehen, so lässt sich Folgendes feststellen: Aufgrund ihres politischen Nationsmodells, das auf den Prinzipien der Chancengleichheit und des individualrechtlichen Menschenrechtsschutzes beruht, war die französische Politik und Öffentlichkeit wesentlich besser auf die Herausforderungen der neuen EU-Richtlinien zur Gleichstellung und Antidiskriminierung vorbereitet. Dennoch gaben auch in diesem Fall Kommission und Europäischer Rat den entscheidenden Anstoß zur Reform verschiedener Gesetze, um die Bevölkerung wirksamer vor unterschiedlichen Formen von Diskriminierung zu schützen. Da sich die deutsche Gesetzgebung bisher weniger mit diesen Fragen befasst hatte, sollte das Thema Gleichbehandlung und Antidiskriminierung mit einem einzigen grundlegenden Gesetz geregelt werden. Bereits aus diesem Grund musste das Vorhaben einen intensiven Diskussions- und Beratungsbedarf auslösen.

In diesem Zusammenhang stehen auch große Unterschiede bei der Einrichtung eines Monitoringsystems, zu der nicht nur eine nationale Gleichbehandlungsstelle, sondern auch ein entsprechendes Berichtswesen gehört. Hier hatte Frankreich ebenso wesentlich bessere Startbedingungen: Während dort recht zügig eine zentrale Stelle eingerichtet wurde, ruht die Verantwortung für die Umsetzung des Allgemeinen Gleichstellungsgesetzes in Deutschland auf verschiedenen Schultern. Dies bietet einerseits den Vorteil, dass mehr politische Akteure/innen an der Umsetzung der Antidiskriminierungsgesetzgebung beteiligt werden, einschließlich repräsentativer Interessensgruppen. Es birgt andererseits aber die Gefahr, dass Meinungsverschiedenheiten in Sachfragen womöglich auf dem Rücken der Betroffenen ausgetragen werden. So wird nicht zuletzt das Interesse und Engagement der Gesamtgesellschaft darüber entscheiden, zu wessen Gunsten die Gleichstellungspolitik in die Praxis umgesetzt wird.

Literatur

Europäische Gemeinschaft (1992), Vertrag zur Gründung der Europäischen Gemeinschaft (Konsolidierte Fassung 1992), Amtsblatt Nr. C 224 vom 31. August 1992, vgl.: http://eur-lex.europa.eu/de/treaties/treaties_founding.htm.

Europäische Gemeinschaft (1997), Vertrag zur Gründung der Europäischen Gemeinschaft (Konsolidierte Fassung 1997) Amtsblatt Nr. C 340 vom 10. November 1997, vgl.: http://europa.eu.int/eur-lex/de/treaties/dat/amsterdam.html, vgl.: http://eurlex. europa.eu/de/treaties/treaties_founding.htm.

Europäische Kommission (2005a), Generaldirektion Beschäftigung, soziale Angelegenheiten und Chancengleichheit, Referat D.3: Gleichbehandlung und Antidiskriminierung. Jahresbericht 2005; vgl. unter:http://www.stop-discrimination.info/fileadmin/pdfs/Reports/Annual_Reports_2005/annualrep05_de.pdf

Europäische Kommission (2005b), Vorschlag für einen Beschluss des Europäischen Parlaments und des Rats zum Europäischen Jahr der Chancengleichheit für alle (2007) – Beitrag zu einer gerechten Gesellschaft, Brüssel, den 1.6.2005, KOM (2005) 225 endgültig, vgl. http://www.europarl.europa.eu/meetdocs/2004_2009/documents/com/com_com(2005)0225_/com_com(2005)0225_de.pdf

Europäische Kommission (2006) Generaldirektion Beschäftigung, Soziale Angelegenheiten und Chancengleichheit, Referat G4: Gleichbehandlung und Antidiskriminierung. Jahresbericht 2006, vgl.
http://ec.europa.eu/employment_social/fundamental_rights/pdf/pubst/poldoc/annualrep06_de.pdf.

Europäischer Rat (2000a), Richtlinie 2000/43/EG des Rates vom 29. Juni 2000 zur Anwendung des Gleichbehandlungsgrundsatzes ohne Unterschied der Rasse oder der ethnischen Herkunft:
http://eur-lex.europa.eu/LexUriServ/-
LexUriServ.do?uri=CELEX:32000L0043:DE:HTML

Europäischer Rat (2000b), Richtlinie 2000/78/EG des Rates vom 27. November 2000 zur Festlegung eines allgemeinen Rahmens für die Verwirklichung der Gleichbehandlung in Beschäftigung und Beruf:
http://eur-lex.europa.eu/LexUriServ/
LexUriServ.do?uri=CELEX:32000L0078:DE:HTML

Europäische Wirtschaftsgemeinschaft (1957), Vertrag zur Gründung der Europäischen (Wirtschafts-) Gemeinschaft vom 25. März 1957, ursprüngliche Fassung (mit Änderungsindex bis 1999), vgl.: http://www.politische-union.de.

Europarat (1950), Konvention zum Schutze der Menschenrechte und Grundfreiheiten in der Fassung des Protokolls Nr. 11, Rom/Rome, 4.XI.1950, vgl. unter:
http://conventions.coe.int/Treaty/ger/Treaties/Html/005.htm

Europarat (2000), Protokoll Nr. 12 zur Konvention zum Schutz der Menschenrechte und Grundfreiheiten, Rom,4.XI.2000, vgl. unter:
http://conventions.coe.int/Treaty/GER/Treaties/Html/177.htm

Gröber, Katharina / Riedel, Sabine (2005), Die neue Kommunikationspolitik der EU. Nach dem Scheitern des Verfassungsvertrags nun Plan D?, SWP-Aktuell 2005/54, Dezember 2005, vgl. die englische Fassung: The EU's New Communication Policy. After the Failure of the Constitutional Treaty, now Plan D?, SWP-Comments 2005/53, November 2005

Haute Autorité de Lutte contre les Discriminations et pour l'Égalité (HALDE), Rapport annuel 2006; vgl. http://www.halde.fr/publications-108/rapports-annuels-109/rapports-annuels-10447.html.

Loi n° 2001-1066 du 16 novembre 2001 relative à la lutte contre les discriminations, J.O n° 267 du 17 novembre 2001 page 18311, vgl.:
http://www.legifrance.gouv.fr/WAspad/UnTexteDeJorf?numjo=MESX0004437L

Loi n° 2002-73 du 17 janvier 2002 de modernisation sociale, vgl.
http://www.legifrance.gouv.fr/texteconsolide/SEEEH.htm

Loi n° 2004-228 du 15 mars 2004 encadrant, en application du principe de laïcité, le port de signes ou de tenues manifestant une appartenance religieuse dans les écoles, collèges et lycées publics, vgl.
http://www.legifrance.gouv.fr/WAspad/UnTexteDeJorf?numjo=MENX0400001L.

Loi n° 2004-1486 du 30 décembre 2004 portant création de la haute autorité de lutte contre les discriminations et pour l'égalité, vgl. http://www.legifrance.gouv.fr/WAspad/UnTexteDeJorf?numjo=SOCX0400130L.

Loi n° 2005-102 du 11 février 2005 pour l'égalité des droits et des chances, la participation et la citoyenneté des personnes handicapées, vgl. http://www.legifrance.gouv.fr/WAspad/UnTexteDeJorf?numjo=SANX0300217L.

Loi n° 2006-396 du 31 mars 2006 pour l'égalité des chances, vgl. http://www.legifrance.gouv.fr/WAspad/UnTexteDeJorf?numjo=SOCX0500298L.

Riedel, Sabine (2008), Osteuropa und die EU-Integration. In: Schwarcz, Iskra / Suppan, Arnold (Hrsg.), Quo vadis EU? Osteuropa und die EU-Erweiterung, Wien.

2

Gleichstellungspolitik in den neuen EU-Mitgliedsstaaten

Gender (In)Equalities in Employment and Care in the Czech Republic during the EU Accession and EU Membership[1]

Alena Křížková / Hana Hašková

Introduction

The focus in the following article lies on the interconnection between employment and care in the Czech Republic. To begin with we present the institutional framework for gender equality that has been introduced in the Czech Republic during the EU accession period. First, we focus on the gender structure of the labour market and the national employment strategy from the point of view of gender equality (as an example we choose the gender pay gap); second, we look at the conditions for work/life balance in Czech families and third, we present the opinions of the Czech population on gender inequalities. We argue that even though the framework for the enforcement of gender equality has been formally established mainly because of the accession of the Czech Republic to the EU, structural and individual gender inequalities persist. From our perspective, this disparity is due to the current political situation. Therefore, we cannot expect much positive changes.

Institutional Framework for Gender Equality in the Czech Republic

During the accession period of the Czech Republic to the EU several governmental institutions to secure gender equality have been established:

- Ministry of Labour and Social Affairs - Department of Equality of Men and Women
- Council of the Government for Equal Opportunities of Women and Men
- Council of the Government for Human Rights
- Ombudsman (Public Protector of Rights)
- Ministerial gender focal points

---

1 This paper was supported by the grant project Kombinace práce a rodiny v perspektivě genderových vztahů a sociální a zaměstnavatelské politiky v České republice. (Combining Work and Family Life from the Perspective of Gender Relations and Social and Employment Policy in the Czech Republic, Grant agency of the Czech Republic, Grant No. 403/05/2474), project Podpora společenské akceptace a efektivního prosazování genderové rovnosti ve veřejné sféře. (Support for the Acceptance and Effective Enforcement of Gender Equality in the Public Sphere, Academy of Sciences of the Czech Republic, Grant No. 1QS700280503.)

These institutions have been created during – and largely because of – the EU accession; indeed, the attitudes of the politicians from the pre-accession period show that if it had not been for the EU accession they would not have supported the introduction of this institutional framework (Křížková 2006). These institutions have been widely criticised mainly for their ineffectiveness and inactivity (for example, the Council of the Government for Equal Opportunities of Women and Men did not meet at all for more than a year); for the fact that the institutions are not interconnected and do not co-operate; for the fact that the administrators of these institutions have no decision-making power and their competencies are not clearly defined; and for the fact that the (in)activity of the institutions results from the gender (in)sensitivity of the individual administrators.

In order to harmonise the Czech legal system with chapter 13 of the *Acquis Communautaire* (Social Policy and Employment) in the field of equal opportunities of men and women, the first step in this area was the prohibition of sex-based discrimination in the right to employment, including the prohibition of discriminatory advertising of jobs in an amendment to the Act on Employment, which came into force in 1999. This amendment also included equal treatment and the elimination of any direct or indirect discrimination on the grounds of sex, especially with respect to the marital or family status, racial or ethnic origin, religion, disability, age and sexual orientation.

The greatest changes came with the amendments to the Labour Code: amendments to the Acts on Remuneration, and the amendment to the Civic Court Rules strengthening the position of the petitioner in labour-law evidence procedures on equal treatment of men and women in employment. The principles of equal treatment for men and women with respect to the access to employment, professional training, promotion, labour conditions and the prohibition of any discrimination, direct and indirect, on the ground of sex, as well as the principle of equal pay for men and women and work-life balance measures by supporting and providing equal opportunities for men with respect to the provision of parental leave have been introduced into the Labour Code in 2000, and came into force on 1 January 2001. The amendment to the Labour Code that came into force in 2004 (the year of the Czech Republic's accession to the EU) and introduced harassment and sexual harassment as forms of discrimination.

Focusing on the issue of care and equal pay in relation to the labour market participation, the following legislative changes are the most important ones:

The Labour Code:

- Prohibition of direct and indirect discrimination (on the basis of sex and other grounds),
- Definition of harassment and sexual harassment,
- Principle of equal pay for men and women
- Providing equal opportunities for fathers and mothers
- Restrictions on temporary work contracts.

The Act on Employment:
- Prohibition of discrimination based on sex (and other grounds)

The Act on Professional Soldiers:
- Principle of equal treatment for men and women in the armed forces

Act on Wages, Salary, Compensation for Work Emergency and Average Earnings:
- Principle of equal pay for work of equal value

As of 2007 a new Labour Code came into force that uses only a basic definition of discrimination and is largely referring to the separate antidiscrimination law. However, this antidiscrimination law has neither been finalised nor accepted yet, although the necessity of such a law has been discussed in the Czech Republic since 2001. Even though the antidiscrimination law was proposed by the social democrats in 2005 (who then were leading the Czech government) it was not accepted. Thus, the current right-wing government is working on a new version of the antidiscrimination law. The antidiscrimination law should have been in force by now and therefore the European Commissioner for Employment, Social Affairs and Equal Opportunities, Vladimír Špidla (Czech prime minister 2002-2004) has brought the Czech Republic before the European Court of Justice.

Gender Equality and Discrimination in the Czech Labour Market

Even though the main institutional and legislative framework for gender equality in the labour market has been established in the Czech Republic, gender inequalities and gender discrimination at work persist. The Czech labour market is strongly horizontally and vertically segregated as far as gender is concerned. In this paper we choose the gender pay gap to illustrate the persistence of gender inequalities in a historical perspective. Based on the example of the gender pay gap and other gender inequalities we also show how the Czech Republic's employment strategy neglects the gender equality perspective and does not apply gender mainstreaming.

Table 1 shows that even formal declarations about the egalitarian and normalised system of the Czech labour market before 1989 did not ensure gender pay parity; on the contrary. In 1984 the gender pay gap was 33,8 percent. From the beginning to the mid-1990s, after the introduction of the market reforms, the gender pay gap decreased (Večerník 1995). As table 1 shows, in 1996 women earned an average of 77,2 percent of men's incomes. But with the decline of the economy, which resulted in economic reforms, the gender pay gap reached 28 percent in 1998, the maximum of the transition period. Since then the general gender pay gap has only been decreasing slowly and in 2005 it was 24,9 percent.

Table 1: Women's earnings as percentage of men's earnings 1962-2005

year	**1962**	**1963**	**1968**	**1970**	**1973**	**1975**	**1977**	**1978**
share of women's income on men's income (in %)	63.8	66.1	66.7	67.0	68.1	69.1	69.4	67.5
year	**1979**	**1980**	**1984**	**1988**	**1991**	**1996**	**1997**	**1998**
share of women's income on men's income (in %)	67.9	67.9	66.2	70.9	76.4	77.2	75.7	72.0
year	**1999**	**2000**	**2001**	**2002**	**2003**	**2004**	**2005**	
share of women's income on men's income (in %)	73.2	73.3	74.4	74.6	74.6	74.9	75.1	

Sources: Data for 1962, 1963, 1968 and 1973 from Number of employed by the level of wage (in May) (Czech Statistical Office 1962, 1963, 1970, 1973); Data for 1970, 1975 and 1977 from Wage differentiation in the CSSR (Czech Statistical Office 1978); Data for 1978-1980 from ILO websites (http://laborsta.ilo.org/); Data for 1984, 1988 and 1991 from Work and Wages, Wages of employed from the perspective of remuneration of men and women (Czech Statistical Office 1992); Data for 1996-2005 from Statistical Yearbooks of the Czech Republic.

Notes: Share of average gross wage; data available only from different sources. The possibility to compare the data from 1960s to 1980s with the later data is limited.

Currently the Czech Republic has a large gender pay gap in comparison to 30 European countries.[2] The issue is significantly connected with gender inequalities in education and with gender stereotypes that bring about these inequalities. It is also connected with discriminatory behaviour on the part of employers, which is influenced by the long care leave (until a child reaches the age of three), and the insufficient support for the participation of fathers in care leave.

Using data from the Information System on Average Earnings, which the Ministry of Labour and Social Affairs employs to monitor individual wages in companies, it is possible to examine the gender pay gap in connection with various personal characteristics of individual employees, and to compare women and men in the same profession, company, work unit or position. At the same time, using regression analysis, it is possible to ascertain what the effects of each variable or a combination of the variables on the gender pay gap are. Using data from 1998, Jurajda (2000) reached the conclusion that on average the gender pay gap is 30 percent. Income differences are considerably smaller in the public sector than in the private sector. Segregating women in low-income professions, companies and employment groups plays a very important role in the Czech Republic and is the cause of approximately one-

2 The latest figures on the basis of SES data (which covers only the private sector) indicate that in 2002 women in the European Union earn on average 25% less than men. The largest gap was found in the UK (30%), the smallest in Slovenia (11%) (Plantenga / Remery 2006).

third of the gender pay gap. However, there continues to be a considerable gender pay gap between men and women holding the same position within the same company, and these differences are twice as big in the private as in the public sector. "At the upper end of wage discrimination in the business sector, women are deprived of almost one-fifth of their wages owing to discrimination" (Jurajda 2000). Jurajda and Fischlová reached the conclusion that even if the effects of age, education, job position, the division of employees into companies, and even wage tariffs are removed, the gender pay gap between a woman and a man of the same age and education, in the same position and in the same enterprise and classified in the same wage category continues to be roughly 10 percent in the public sector (Fischlová / Prokešová 2003).

The gender pay gap is not a real political issue in the Czech Republic and no policies or specific programmes and procedures have yet been created to eliminate the gender pay gap. Even though the Czech Republic is a country with one of the largest gender pay gaps, this problem does not receive any special attention in the National Action Plan (NAP) for Employment 2004-2006 of the Czech Republic (Křížková 2007). The NAP for Employment does not offer any explanation or possible directions for change. The aim to reduce the gender pay gap is established as a general employment policy objective without further details or elaboration of a strategy for achieving the objective.

The Czech Republic's employment strategy completely neglects the gender mainstreaming/gender equality perspective. Gender equality institutions and experts on gender mainstreaming have not been included in formulating employment policies; documents and institutions in support of gender equality in the Czech Republic are not interconnected with the employment policy. This situation has a direct negative impact on gender equality. An example of gender non-sensitivity in the NAP for Employment is the issue of childcare services for pre-school children, which are included under the issue of women's employment only, but when the NAP refers to disadvantaged groups in the labour market or parental roles, it maintains a strictly neutral approach (Křížková 2007). This conceals the fact that 98.5% of parents who receive care allowance are women, and it is them who make up the group of disadvantaged parents returning from care leave. Women also form the vast majority of those who are heads of single-parent families, and thus are at a greater poverty risk. Even these families are discussed without using a gender perspective. The topic of work/life balance policy is not discussed conceptually and is not at all gender mainstreamed in the NAP for Employment. By obscuring the fact that women's and men's contribution to care is unequal, and by classifying work/life balance as a problem of women's employment, the Czech NAP for Employment reproduces stereotypes, when the elimination of such stereotypes is meant to be one of its aims. These examples illustrate the gender blindness of the Czech employment policy that does not use the potential of gender mainstreaming.

Work-Life Balance in the Czech Republic Focusing on Childcare[3]

During the 1990s, a rapid drop in the number of nurseries (childcare facilities for children up to the age of three) occurred. Today nurseries only accommodate three percent of the total number of children; at the end of the 1980s, children would have easily obtained a place in such facilities. At the same time, the eligibility period for care allowance (that was an allowance for a parent who cared for his/her child on a full-time basis, did not use childcare facility for the child and in practice did not earn money in paid employment) has been extended to up to four years, while the period for care leave (including the right to return to one's employer) has not been extended.

Graph 1

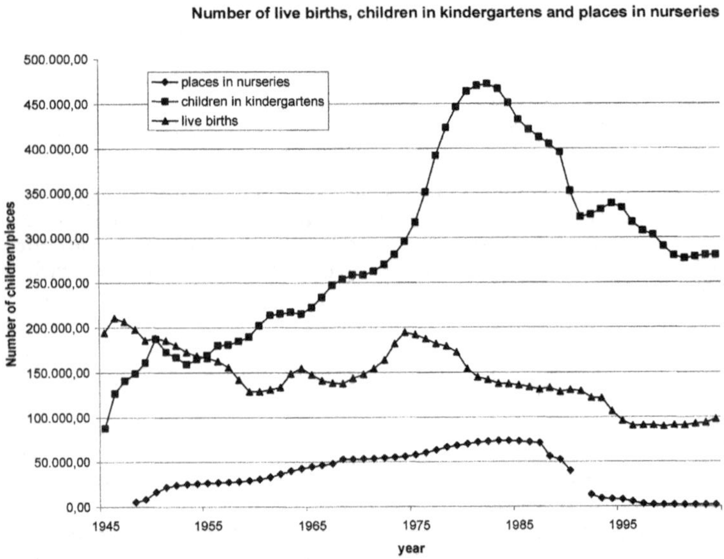

Sources: Data for nurseries and kindergartens from the 1940s to the 1980s from dataset of Czech Statistical Office in Bulíř (1990); Data for nurseries and kindergartens for the 1990s and the new millennium from dataset of Institute of Information on Education in Kuchařová, Svobodová (in print); Data for the number of live births from the web pages of the Czech Statistical Office (www.czso.cz).

3 In the following we focus on work-life balance of parents caring for small children. Work-life balance of the childless, childbearing postponing couples, people caring for elderly, etc. is not our focus here even though we deal with the topic in other publications, e.g. Křížková et al. (2006) or Hašková (2007).

The extension of the eligibility period relating to care allowance was in line with other changes made at that time in the area of social policies. Those changes were intended to preserve social peace through the introduction of a number of ad hoc transfer payments designed to provide a temporary compensation for the impacts of the transformation, and to alleviate pressure on the labour market because the labour market experienced growing unemployment as a result of the gradual restructuring of companies (Sirovátka 2004).

The early 1990s were also a period of gender conservative rhetoric in Czech politics. Such rhetoric was in line with the emphasis that was put on the economic side of the transformation of the Czech society, while social costs of the transformation were marginalised (Večerník 1998). The conservative rhetoric was also embedded in a mixture of attitudes and practices regarding the gendered division of work that could be observed in the Czech society already before the change of the political regime. Such mixture of attitudes and practices regarding the gendered division of work stressed several issues:

The *dual earner family model* functioned in a way that both parents worked full-time but the income of women only reached about 64 to 71% of men's income. Men's professional careers had a continuous character while women's professional careers of any educational level were interrupted by relatively long full-time home-caring periods for children (the care leave called "additional maternity leave" before 1989 was extended from two to three years in the late 1980s).

Demanding motherhood (in terms of long-term full-time home-care for children) in the early stage of a child's (as well as woman's professional) life, while there was almost no practical and legal inclusion of men in child raising and household chores.

This pre-1989 situation was far from gender equal, but it was not endangering women's position on the segregated labour market in the then centrally planned economy. On the contrary, during the socio-economic transformation of the 1990s when the shift from centrally planned economy toward market economy took place, the following happened:

- a decline in the number of nurseries,
- a prolongation of the care allowance eligibility period for the full-time home-care parent of a child,
- the prevailing of conservative gender attitudes, and
- a general increase in unemployment.

These processes were consequently translated into an increase in the number of women (and especially mothers with small children) staying out of the labour market with very few possibilities to re-enter the labour market.

Recently, in international comparison, it is the Czech Republic that encounters the strongest impact of motherhood on women's employment, influencing their withdrawal from the labour market. The indicator that measures the difference in the employment rates of women between the ages of 20 and 50 who have children aged six or under and those who do not, shows that the withdrawal of mothers from the labour market is the highest in the Czech Republic among the EU countries. During this period in life, the difference in the employment rates of Czech mothers and other women are roughly 39 percent while the average value in the countries of the EU was 14 percent (European Commission 2006). In international comparison it is also the Czech Republic where there is the highest proportion of company representatives reporting that women employed in companies do not return back to their employers after spending several years on care leave (European Foundation for the Improvement of Living and Working Conditions 2006).

In the Czech Republic, due to the prevailing of conservative attitudes towards gender roles, the gender pay gap, as well as other factors, still 98.5% of women are taking care leave (even though rights of fathers to care have been adjusted step-by-step with the rights of mothers during the 1990s and in the new millennium). Thus, parenthood has a significant and huge impact on the employment of Czech women.

Graph 2: Difference in percentage points in employment rates of women aged 20-50 without and with a child aged 0-6

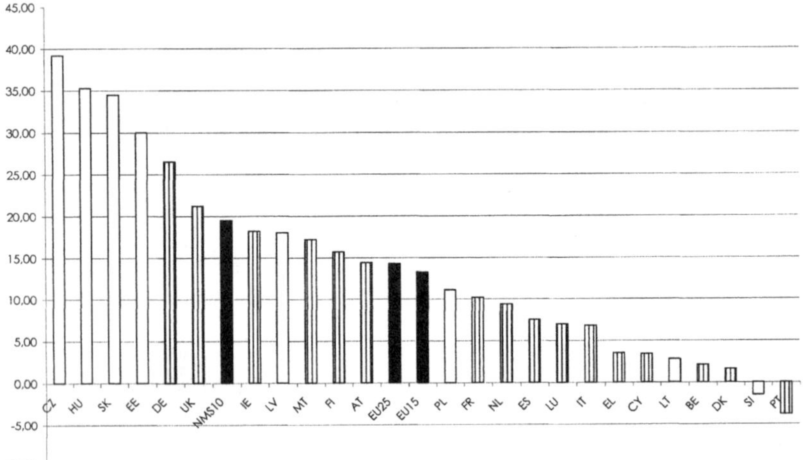

Source: European Commission (2006).

It is therefore possible to conclude that during the socio-economic transformation of the 1990s, the Czech society moved from support for institutional childcare outside the family and women's participation on the labour market, while reproducing gender segregation on the labour market and gender division of family roles, towards family-based childcare by the mother. In Leitner's terms (2003), the Czech Republic experienced a shift from gendered and enforced de-familialist policies towards gendered and implicit familialism.

It was not until the turn of the millennium when it became undeniably clear that the long-term unemployment of women would continue to rise (especially in those age categories when women are caring for small children), when the Czech Republic was criticized during the EU accession process for neglecting active employment policies, and when the Czech law had to be harmonised with the EU acquis, that the Czech government began to formulate so-called National Action Plans for Employment (see above). Several positive legislative changes relating to work-life balance and gender equality were asserted.[4] As to care allowance, which previously only the person who was caring for a child on a full-time basis could receive, parents have more options today – whether as a remuneration for their full-day childcare, or to cover public or private paid childcare. (Note: At present, there is no limitation as to how much money parents receiving care allowance may earn from paid employment. From 2006 on, a parent receiving care allowance is allowed to place his/her child into a kindergarten for 4 hours a day if the child is 3 or 4 years old. Also, care allowance has been increased in 2007 making it easier for parents to make use of childcare facilities or private paid childcare.) These legislative changes might be evaluated rather positively because at least in theory they should

- enable the parent providing care to keep in touch with his/her previous employer and with his/her previous area of work during care leave (which reduces the probability of him/her losing his/her job due to a loss of qualifications);
- reduce the sense of isolation (often mentioned by mothers on care leave);
- enable an increase in the individual and family income;
- increase the ability of the parent providing care to take part in qualification training programmes; and
- increase the chances of the parent providing care to find new employment.

However, those theoretically positive aspects of the legislative changes are not always experienced in practice, and there are also some clearly negative aspects:

4 At that time, during the EU accession period, a social democratic government was in charge, that was much more than the previously ruling right-wing government open to (and pushed by the EU accession process to) network with (women) non-governmental organisations that criticised neglecting the social (and gendered) costs of transformation since the first half of the 1990s. During the EU accession period, the structure of governmental organisations that were obliged to enforce gender equality in the country was created (see above). Those governmental organisations were then asked to produce certain activities and reports and that led them to cooperate with (sometimes rather to use than cooperate with) some of the nongovernmental organisations that possessed the knowledge needed to produce requested activities and reports.

1. The extended eligibility period for and monetary increase of care allowance may contribute to the decision of mothers to stay at home longer, and this will then decrease their future chances on the labour market. The fact that families with children have become one of the most endangered groups by income poverty during the time of the socio-economic transformation might lead to extending the financial support for families by increasing the care allowance. However, long-term unemployment is often a way towards poverty, and unemployment of mothers is facilitated by the lack of childcare facilities and by a long care leave with flat-rate allowance (both applicable in the Czech Republic).
2. If there are positive changes in one problem area of work-life balance (such as the area of leave policies and benefits), there are no positive changes in the other problematic areas of work-life balance (such as the areas of care facilities and of flexible working arrangements). Yet, positive changes in only one area usually do not lead to the intended aims. In the Czech Republic, even though today a parent is allowed to take care allowance while participating in the labour market and using private nurseries (childcare facilities for children up to the age of three) or – to a limited extend – public and private kindergartens (childcare facilities for pre-school children from the age of three), the lack of nurseries does not allow such arrangement in practice. Today there are only 54 (mostly private) nurseries in the whole country! Thus, since 1989, there has been a slight increase in the proportion of children under the age of three in kindergartens (that are designed for pre-school children from the age of three though), which, at least to some limited extent, compensates for the lack of nurseries. As a result, at present 8.6% of the children at kindergartens are actually children under the age of 3. The number of kindergartens has also decreased since the beginning of the 1990s, however, in a less pronounced manner than in the case of nurseries. While older pre-school children are more prioritised by the kindergartens, children aged three or four of a parent receiving care allowance, which can attend kindergarten only for four hours a day, or children under the age of three, are placed in a kindergarten only if the kindergarten has enough capacity to take them on. The question is to what extent the arrangement of placing children younger than three, or children aged three or four of care allowance receivers, to kindergartens will be possible in the near future. Year by year, the decline in the number of places in nurseries and kindergartens still continues, while the total fertility rate has begun to grow since the end of the 1990s due to the fact that the women that postponed childbearing have begun to give births.
3. Moreover, even though the need for family-friendly work arrangements has been expressed on the political level, the Czech labour market still seems rather inflexible in this respect, and for many mothers with pre-school children such an inflexibility contributes to prolongate their absence from the labour market. Similarly to the pre-1989 labour market, most women and men work full-time. Today, only 9% of employed women and 2% of employed men hold a part-time job. This figure is

several times lower than figures reported by most of the countries of the EU-15. Furthermore, 70% of mothers with a child of age 18 or less have a fixed beginning and end to working hours set by the employer and there is no statistically significant connection between flexibility of working hours of an employed parent and the age of his/her child(ren) – even though among women there is a strong connection between the level of their participation in the labour market and the age of their children. Conversely, flexibility of working hours has proved to be dependent on the field of employment. Thus, flexibility of working hours is applied primarily in connection with the needs of employers and the labour market and not so much in connection with the need of work-life balance.

Therefore, due to the lack of nurseries (or alternative public or private care arrangements), due to restrictions on the use of kindergartens for care allowance receivers, due to the lack of will for family-friendly working arrangements on the labour market, and due to gender stereotypes, there is only one choice for a mother: either full-time employment under terms dictated by the employer, or exiting the labour market to stay "full-time at home" for quite a long period of time. There are only little choices between various working arrangements for the employee (mother or father) offered by the employer, even though the Labour Code demands that the employer has to agree on flexible working arrangements for a parent caring for a child up to a certain age if the employment conditions allow for such an arrangement.

Finally, even though the Czech society made several positive legislative steps regarding work-life balance and gender equality during the EU accession period, in many cases the rationale behind these positive changes was rather the need to harmonize the Czech law with the EU acquis, the need to fight against low fertility, and the need to help women to have more children (because the Czech Republic has one of the lowest fertility rates in Europe with 1.3 children per a woman), rather than the need for gender equality.

Opinions on Gender Inequalities in the Czech Population

We asked men and women whether they had any personal experience of being disadvantaged at work. Our research produced surprising results: As many as 33% of men and 40% of women indicated that they felt they had been at some point disadvantaged at work in comparison to their co-workers (see table 2).

Table 2: Responses to the question: Do you feel that you have ever been disadvantaged at work in comparison to your co-workers?

	Yes	No
Men	32.6	67.4
Women	39.7	60.3

Source: Public opinion research on the position of women in the labour market 2003. Gender & Sociology Dept., Institute of Sociology of the Academy of Sciences of the Czech Republic for Ministry of Labour and Social Affairs.
N men= 506 N women= 537

Although a relatively large percentage of women and men indicated that they had experienced discrimination at work, they cite entirely different reasons for the discrimination. Among women gender was the main reason by far, cited by 54% of women (and only 10% of men), followed by age, cited by 45% of women, and education, cited by 38% of women. Among men, the three main reasons for discrimination are, in this order: age (51%), education (40%) and their state of health (23%). For men, gender as a personally experienced reason for discrimination ranked last, alongside race and nationality.

Table 3: Five groups considered to be most disadvantaged in the labour market.

5 most disadvantaged groups	**% of men who said**	**% of women who said**	**total**
1. Women with pre-school age children	67	73	70
2. People with less education	66	63	64
3. Older women	61	67	64
4. Women on maternity leave	54	64	59
5. People with disabilities	57	53	55

Source: Public opinion research on the position of women in the labour market 2003. Gender & Sociology Dept., Institute of Sociology of the Academy of Sciences of the Czech Republic for Ministry of Labour and Social Affairs.
N men= 506 N women= 537.

Moreover, among the five most disadvantaged groups on the labour market according to groups selected by men and women in a pool there are three that exclusively encompass and refer to women, and none that would refer exclusively to men.

Conclusions

In our paper we presented the situation in the Czech Republic concerning gender aspects in connection with employment and care. We showed that even though there have been positive changes in the introduction of the institutional and legislative framework mainly for employment policy and childcare, which happened partly due to the EU accession process and partly due to political changes in the country, gender inequalities at work and in family relations still exist.

We can only speculate what the future of gender relations (equality) will bring, now that we have a right-wing government (after two election periods of a left wing government). There are, however, worrying signs. At the beginning of April 2007, the Czech Prime Minister, Mirek Topolánek, held an absolutely scandalous speech to open the Year of Equal Opportunities in the Czech Republic. He rejected gender equality policies and called their aim "equalisation" with a reference to communist practices. Concerning equality in other aspects besides gender, he dismissed multiculturalism and called for assimilation. He also challenged the aim to remove barriers for physically or mentally disadvantaged people, saying that handicapped people will simply always be handicapped compared to the rest of the population. Returning to the topic of this paper we can finish with quoting from this speech: "Women can be equal to men because they can decide not to have children." [Authors' translation – the whole prime minister's speech (in Czech) is available at http://domaci.ihned.cz/c3-23154985-002000_d-cele-zneni-projevu-mirka-topolanka-k-evropskemu-roku-rovnych-prilezitosti].

References

Bulíř, Michal (1990), Zařízení předškolní péče a výchovy v ČSR: retrospektiva let 1881-1888 a 1921-1988. (Childcare Facilities in Czech Socialist Republic: retrospective view on 1881-1988 and 1921-1988). Prague: Czech Statistical Office.

Czech prime minister speech for the opening of the year of Equal opportunities in the Czech Republic on http://domaci.ihned.cz/c3-23154985-002000_d-cele-zneni-projevu-mirka-topolanka-k-evropskemu-roku-rovnych-prilezitosti (accessed on the 23rd July 2007).

Czech Statistical Office on www.czso.cz (accessed on the 1st of July 2007).

European Commission (2006), Indicators for monitoring the employment guidelines 2006 compendium. European Commission DG ESAEO.

European Foundation for the Improvement of Living and Working Conditions (2006), Working time and work-life balance in European companies. Luxembourg: European Foundation for the Improvement of Living and Working Conditions.

Fischlová, Drahomira /Prokešová, Petra (2003), Vytvoření informační základny pro analýzu faktorů ovlivňujících rozdíly vúrovni pracovních příjmů (mezd) mužů a žen a modelování (prognózování) těchto rozdílů. (Development of the Information Basis for the Analysis of the Factors Influencing the Differences in the Level of the Wales of

Men and Women and Modeling of these Differencies). Prague: Research Institute for Labour and Social Affairs.

Hašková, Hana (2007), Fertility decline, the postponement of childbearing and the increase in childlessness in Central and Eastern Europe: A gender equity approach. In: Crompton, Rosemary / Lewis, Suzanne / Lyonette, Clare (eds.), Women, Men, Work and Family in Europe. Houndmills, Basingstoke, Hampshire: Palgrave Macmillan.

International Labour Office on http://laborlaborsta.ilo.org/ (lastly accessed on the 1 July 2007).

Jurajda, Štepan (2003), Gender wage gap and segregation in enterprises and the public sector in late transition countries. In: Journal of Comparative Economics 31 (2003) 199-222.

Křížková, Alena / Hašková, Hana (2003), Veřejné mínění o postavení žen na trhu práce. (Public opinion on the position of women on the labour market) Sociologický ústav AV ČR. (available at: http://www.mpsv.cz/files/clanky/957/zprava.pdf)

Křížková, Alena (2006), Nezájem pověřených. Přístup českých politiků a političek, úředníků a úřednic k otázkám genderové rovnosti (The Disinterest of the accredited agents. The Attitude of the Czech politicians and officials to the gender equality issues.). In: Gender, rovné příležitosti, výzkum. Roč. 7, č. 2, 37-41.

Křížková, Alena / Čermáková, Marie / Dudová, Radka / Hašková, Hana / Maříková, Hana (eds.) (2006), Pracovní a rodinné role a jejich kombinace v životě českých rodičů: plány versus realita (Work, Family and Work-Life Balance of Czech Parents: Plans versus Reality), Prague: Institute of Sociology of the Academy of Sciences of the Czech Republic.

Křížková, Alena (2007), Gender Mainstreaming in the Czech Republic. An Analysis of Employment Policies from a Gender Perspective. EGGSIE – EC's Expert Group on Gender, Social Inclusion and Employment. Manchester University, European Commission.

Kuchařová, Věra / Svobodová, Kamila (2006), Síť denní péče o děti předškolního věku v ČR. (Childcare of preschool children in Czech Republic), Prague: Research Institute for Labour and Social Affairs.

Leitner, Sigrid (2003), Varieties of familialism. The caring function of the family in comparative perspective. European Societies 5 (4):353-375.

Number of employed by the level of wage (Yearly publication in May) (1962, 1963, 1970, 1973) Prague: Czech Statistical Office.

Sirovátka, Tomáš (2004), Family policy in the Czech Republic after 1989: From gendered and enforced de-familialism to gendered and implicit familialism. In: Mareš, Petr et al. Society, reproduction and contemporary challenges. Brno: Barrister & Principal, 97-117.

Statistical Yearbook of the Czech Republic (Yearly publication) (1996, 1997, 1998, 1999, 2000, 2001, 2002, 2003, 2004, 2005). Prague: Czech Statistical Office.

Večerník, Jiří (1995), Changing earnings distribution in the Czech Republic. Survey evidence from 1988-1994. In: Economics of Transition, Vol 3, 355-371.

Večerník, Jiří (ed.) (1998), Zpráva o vývoji české společnosti 1989-1998 (Report on the Development of the Czech Society), Academia, Prague.

Wage differentiation in the Czechoslovak Socialist Republic (1978) Prague: Czech Statistical Office.

Work and Wages, Wages of employed from the perspective of remuneration of men and women (1992) Prague: Czech Statistical Office.

Women on the Hungarian Labour Market and in Leadership Positions

Beáta Nagy

It has been a popular topic recently to explore what happened to gender relations in the post socialist countries after the collapse of socialism, and particularly in the period of the EU accession. Are the developments rather similar to the processes experienced by the old member states of the European Union, or is there still a difference, maybe even more pronounced due to the forced emancipation during the socialist period? Although some people try to forget many aspects of the communist period, we simply cannot neglect these experiences both in negative and positive terms.

The aim of this article is to examine the current trends on the labour market and in management in Hungary and to confront them with the present attitudes towards work and career. This contribution will focus on the main labour market processes since the early 1990s. It will give an overview on the changes in employment level, unemployment and inactivity, which have influenced the dismal character of the Hungarian labour market until today. It will point to the main gender differences and the inequalities in both paid work and (unpaid) care work. Socialism attached great importance to women's emancipation although women still suffered (from) serious problems in managerial positions. Women's participation in economic life and management has increased, however, women are still considerably underrepresented in higher management. The overview on the main tendencies in present-day Hungary will be followed by a summary of reasons responsible for this unfair situation. In presenting some research results which highlight the cultural aspects of women's undervaluation it will be demonstrated why the country cannot make use of the advantages of the female elite pools. The research studies also provide evidence that it is not enough to increase the numbers and ratios; the acceptance of women in leadership positions is also heatedly debated in Hungary.

Developments on the Labour Market and Changes in Female Employment

Hungary, as other post socialist countries, was known for its high employment rate. This was also true for women who reached high employment levels and worked full-time. Paid work became an obvious experience of the Hungarian population in working age. Several factors encouraged and forced women to enter the labour market: a clear decrease in male earnings, an increasing female educational level, decreasing fertility, a changing social climate which enabled women to permanently leave the household, and considerable political pressure to "emancipate" women. The political intention changed during the socialist period from the approach to consider women and men as rather similar or same, putting women in blue collar jobs previously dominated by men such as tractor driver, miner, etc. to a different approach in the second phase of socialist emancipation. In the latter period the differences between the genders became more intensively stressed and led to the introduction of several social measures, mainly connected to motherhood, which began to reinforce traditional female roles (Asztalos-Morell 1999) As a result of these contradictory concepts an evidently conservative female role model developed during the 1980s (Ferge 1999).

As it was pointed out by some authors there were several contradictions and tensions between the rhetoric and the reality of the socialist emancipation policies which later on directly lead to the backlash against any kind of women's issues (Gal-Kligman 2000). The backlash lasted almost until the EU accession, when the EU's incentives were clearly more dominant than the socialist memories.

Hungary experienced a huge loss in economic activity shortly after the collapse of the socialist regime (Frey 2002). There was a dramatic decline in the employment rate and a sharp increase in unemployment. However, these changes sometimes contradicted the researchers' expectations, e.g. women's higher unemployment rate. This contradiction became obvious in the gendered unemployment level. Table 1 refers to the sharp decline in employment level between 1990 and 2005.

Table 1

Employment rate (working age population, 15-64 years)

	1990		1997		2000		2005	
	Men	Women	Men	Women	Men	Women	Men	Women
EU-15	76.0	49.4	70.4	50.7	72.5	54.0	72.9	57.4
Hungary	82.9	67.3	59.6	44.8	63.3	49.7	63.1	51.0

Source: Frey, 2002; Indicators, 2006

Employment rates were high in 1990 when the Hungarian rate of employment clearly surpassed the average of the old EU member states. This advantage immediately disappeared with the Hungarian economy's restructuring. Both male and female employment rates fell by 22-23% to a very low level by 1993. As the data show they stabilised at a very low level. The Hungarian employment level is now considerably lower than the average rate in the old member states. Attention has been drawn to the fact, however, that in the meantime the female employment level increased more while male employment hardly changed. One factor behind this trend is that the female retirement age has been continuously raised over the last ten years in Hungary, and the higher retirement age keeps more women longer in the labour force.[1] However, we cannot be very optimistic about a further increase, because the Hungarian working age population's health and educational status is alarming.

In addition, we cannot neglect the fact that part-time employment has not gained ground in Hungary, and full time employment is still dominant as the data on full time equivalents demonstrate. During the EU accession the Hungarian employment policy started to reduce the obstacles to flexible employment. But very often it is not a real option in the Hungarian context.

Presently, we can observe a deeply divided female labour force: There are those women who have a job, work long and exhausting working hours, and those who are permanently absent from the labour market and have only little chance to (re)enter the labour market. There has been a strong correlation with the number of small children in the family on the one hand and with the educational level on the other.

Table 2

Female employment rate in full-time equivalents

	1999	2000	2001	2002	2003	2005
EU-25	:	:	:	47.1	47.3	47.6
EU-15	44.3	45.4	46.2	46.8	47	47.4
NMS	:	:	:	48.8	48.9	48.8
Hungary	47.9	48.7	48.8	49.1	50	49.9
Sweden	58.5	60.2	63.3	63.4	63	60.8

Source: Compendium 2006: Context indicator 17.3

EU accession did not promote female employment but the topic became important in the public debate and in employment policy. Women's re-integration into the labour force, mobilisation of women on the labour market and the issue of occupational segregation received more attention in the country. In accordance with the West-European trends women tend to stay longer in higher education, and since 1990 more women than men earn a degree in Hungary. Higher education is also segregated but women's increasing proportion is inevitable.

1 In the socialist period the official retirement age was different for men and women: 60 vs. 55 years.

However, these changes were not sufficient to influence the labour market's characteristics and the expectations connected to female paid work significantly. A considerable part of Hungarian women in working age is absent from the labour market, and they are mainly inactive. There are some large groups of inactive population, such as students, various forms of retired people (early retirement, disability retirement), women on parental leave, and housewives. The members of disadvantaged groups are particularly vulnerable to inactivity. Roma women's employment rate was only 15% compared to the above cited 50% female average (Kemény et al. 2004:101). Social disadvantage has a cumulative effect also in this respect. Unemployment has not been the basic problem since the early 2000s.

At the same time, Hungarian women spend the longest hours on domestic work in European comparison. It is 297 minutes per day for women aged 20-74, and 234 minutes for employed women. It is especially striking if we consider that women combine these long hours spent in the household with long hours at the workplace. It clearly leads to the overburden of working women who are expected to carry out all these activities without their male partners' support. Independent of the occupational status of employed couples, women's participation in paid work makes up for 43-48% of the two spouses' total paid working time, whereas they carry out 80% of domestic work, as it can be seen in table 3. The time used on paid and unpaid work is extremely unbalanced in Hungarian society, and it is hardly challenged by public debate. Consequently, the issue of reconciliation of work and family is considered mainly as a female problem in Hungary.

Table 3

The proportion of time spent on paid work and household activities by employed couples on an average day by their relative occupational status, 2000 (in %)

Status of couple	Paid employment		Housework	
	Wife	Husband	Wife	Husband
Husband has better job than wife	43.0	57.0	81.5	18.5
Wife has better job than husband	48.2	51.8	79.5	20.5
Wife and husband have jobs of *equal* status	43.2	56.8	78.9	21.1

Source: Bukodi 2005:39.

Attitudes on Female Employment

The above mentioned traditional gender division of labour is reinforced by the attitudes connected to female paid work. The surveys on families and gender roles reveal a divided world where women belong mainly to the family, whereas men are responsible for the paid work. Consequently, the male breadwinner – female caretaker model is the most attractive for the majority of the Hungarian population. In her research Pongráczné (2006) points to the fact that the Hungarian society is family-centred and favours the clear distinction between female and male gender roles. According to the investigation 71% of the respondents agreed with the following statement: "It is the husband's responsibility to earn money to support his family, and the wife's task is to perform household work". Moreover, the non-traditional division of labour is not welcomed in the country, as it becomes clear from the high level of agreement (68%) with this negative statement: "It is not good when the husband is at home and is responsible for raising the children, and the wife is the breadwinner in the family" (Pongráczné 2006).

To sum up the labour market tendencies we have to stress that despite forty years of socialist emancipation and the increasing educational level of women, traditional roles and perceptions still prevail. It obviously hinders even the motivated and talented women from having a smooth career. A traditional value system and the patriarchal social system are also main obstacles for a fair representation of women and men in top management.

Women in Leading Positions

As we have learned from the publications on women and men in management, there are good news and bad news concerning the situation of women. The good news is that the number of women in management has increased incredibly since the 1970s whereas the bad news is the low rate of upward movement of women within managerial ranks (Dipboye, 1987 is quoted by Powell, 1999).

The proportion of women in management is illustrated in the following table. There have been some variations between the countries, e.g. Cyprus and Malta perform badly whereas Latvia and Lithuania are at the top, but most of the countries are around the European average which was 30% in the last years.

Table 4

Women and men in managerial positions, 2005 (%)[2]

Country	Women	Men
Austria	27	73
Belgium	33	67
Bulgaria	34	66
Cyprus	14	86
Czech Republic	30	70
Denmark	23	77
Estonia	37	63
Finland	30	70
France	38	62
Germany	26	74
Greece	26	74
Hungary	34	66
Iceland	n.a.	n.a.
Ireland	30	70
Italy	32	68
Latvia	44	56
Liechtenstein	n.a.	n.a.
Lithuania	43	57
Luxembourg	24	76
Malta	14	86
Norway	n.a.	n.a.
Poland	32	68
Portugal	34	66
Romania	31	69
Slovakia	31	69
Slovenia	33	67
Spain	32	68
Sweden	30	70
The Netherlands	26	74
Turkey	n.a.	n.a.
United Kingdom	34	66
Average	30	70

Source: EU (2006a)

n.a.: not available

2 Managers are persons classified as directors and chief executives, production and operating managers, other specialist managers and managers of small enterprises (ISCO = International Standard Classification of Occupations, category 12 and 13) (EU 2006a).

There have been a lot of reasons beyond these positive changes which are thoroughly demonstrated by Powell (1999). Without going into too much details, it is important to emphasise that the main tendencies are very similar in the majority of the Western and in the Central European countries. It can be traced back to the fact that the economic and social structures experienced in the different countries are rather analogous to each other. The economic structure, the educational level, the motivation, the changing social norms, the still persisting patriarchal system, etc. predict the career opportunities of women and men.

However, there is a huge variety among the countries in the proportion of female top managers, if we look at the highest decision-making bodies. Women's ratio is only approx. 10% on European average, and there are some countries which pay more attention to the issue of women managers whereas other countries do not regard it as a crucial social problem. It strongly correlates with the strength of female movements and gender policies.

In the last table we already witness considerable differences between the countries. Hungary is again slightly above the European average. The leading role of Norway is obvious, partly due to the introduction of quotas in publicly owned enterprises and privately owned public limited companies (SSB 2007). However, the management is highly segregated.

Over the last decades the "glass" metaphors have become very popular to describe the situation of minority groups in management. Which are the metaphors closely linked to management? The best known metaphor is the "glass ceiling" which refers to the barrier that prevents women from reaching the top level in organisations. In Hungary we have clear evidence that there is a glass ceiling in management; however, female business leaders often emphasise that there is no obstacle for women. According to some research the barrier is now between the middle and top managerial levels.

The "glass walls" metaphor refers to those obstacles that prevent women from moving between the functional areas or from service divisions into line management, i.e. the horizontal segregation. Horizontal segregation affects female careers in a negative way. In addition, the male career is promoted by the "glass elevator" that brings men quickly into top positions in feminised fields, e.g. education, health, administrative fields like local municipalities.

EU enlargement did not influence women's career opportunities directly because women's increasing human capital was accumulated already in the previous period and caused a continuous growth in the number of female managers. Women mainly have better chances to become managers if they are responsible for female employees.

Table 5

Women and men in highest decision making body, 2006[3]

	President		Members	
	Women (%)	Men (%)	Women (%)	Men (%)
Austria	0	100	6	94
Belgium	0	100	6	94
Bulgaria	26	74	21	79
Cyprus	0	100	7	93
Czech Republic	3	97	8	92
Denmark	0	100	12	88
Estonia	0	100	15	85
Finland	0	100	19	81
France	4	96	8	92
Germany	0	100	11	89
Greece	2	98	8	92
Hungary	5	95	14	86
Iceland	0	100	6	94
Ireland	2	98	5	95
Italy	4	96	3	97
Latvia	8	92	21	79
Lithuania	0	100	17	83
Luxembourg	0	100	1	99
Malta	0	100	4	96
Norway	2	98	32	68
Poland	12	88	10	90
Portugal	2	98	7	93
Romania	3	97	13	87
Slovakia	4	96	10	90
Slovenia	21	79	21	79
Spain	4	96	4	96
Sweden	0	100	24	76
The Netherlands	0	100	7	93
Turkey	6	94	7	93
United Kingdom	0	100	12	88
Average (%)	*4*	*96*	*11*	*89*

Source: EU (2006b)

3 Top 50 companies are defined as the companies that are quoted on the national stock exchange and that have the highest market capitalisation. Market capitalisation is defined as the market price of an entire company, calculated by multiplying the number of shares outstanding by the price per share (EU 2006b).

Having looked at the growing rate of female managers we can be optimistic but taking their prestige and esteem also into account makes us less satisfied with women's advancement. We have learned from previous studies that there is a clear preference for male managers among women and men. Not even female managers have a different opinion, i.e. they also often prefer a male boss, or do not state any preference; on the contrary, they never express preference for a female superior (Nagy 2005).

We can assume that professional life is imbued with masculine traits which has an impact on the under-representation and the low level of acceptance of women. Maybe the higher participation in employment and the higher percentage of women in leadership positions can increase the acceptance of women in managerial roles. In 2004/2005 we had the unique opportunity to carry out an organisational investigation at a Hungarian local municipality. The title of the project was *Diagnosis of Gender Awareness*. We investigated the status of gender awareness in a local government in Budapest using several methods such as questionnaires, focus group discussions, in-depth interviews, network analysis, and statistical data collected by the administration. It was possible to study the feminised administrative office and the elected local politicians as well as the board of representatives which was highly masculinised.

The focus group discussions were particularly suitable to explore the gender culture of organisations, i.e. the values, norms, expectations connected to gender relations. In this section I would like to focus on the results derived from the four focus group sessions which were carried out in the administrative office. The results are based on the following group discussions: two groups of female subordinates, one group of male subordinates, and one mixed group of both male and female municipal office managers (Nagy / Vicsek 2006).

In the following I would like to present some results from the discussion in order to highlight the traditional attitudes towards gender. There have been some variations in the characterisation of male and female managers when we asked the participants about their opinions on men and women in leading positions in general. Although there were some people who insisted that men and women are rather similar in managerial positions we mostly found out that the gender stereotypes became overwhelmingly manifest. The interviewed persons were ready to express their beliefs that focused on the fundamental differences between male and female executives, e.g. women are influenced by their own sentiments, women are better at keeping a team together, men do not go into details but rather concentrate on the outcome, they are more liberal, more easy-going, better at predicting and organising, and more rational. In general, group participants expressed more positive qualities of male managers, whereas mostly negative traits of female leaders were mentioned. It was clear from the discussions that in Hungary the "think manager – think male" approach is still dominant. There was tough criticism from the side of office managers, too. Even female leaders criticised Hungarian managerial women very much because of loosing their femininity and becoming masculine due to their careers.

The respondents of the administrative staff mostly shared the opinion that women at the local government could preserve their femininity, moreover men are feminised in many respect, for example in avoiding confrontation. One reason behind this phenomenon is that the office manager positions at municipalities are not considered as real leadership positions by the respondents. That is why men did not really want to be promoted at the municipality. Consequently, there was a paradox situation about the preferences of the superiors: Men were not eager to get the leading positions but still questioned women's skills continuously. Women expressed overt preferences for male executives, men had latent but stable prejudices towards female superiors.

Summary

After a high employment level during socialism we witnessed huge losses in the number of employed people, while inactivity became a serious problem on the Hungarian labour market. Despite the continuous political discussion on women's employment we cannot perceive many positive tendencies. Presently the employment level of both genders is below the average of the European Union, and this low level shifted only slightly in the case of women. The labour market is inflexible and obviously this is an important factor for this negative trend. Traditional gender culture is another factor contributing to the high level of gender division of social roles, i.e. men are expected to be the breadwinners whereas women are mainly responsible for the private sphere. Despite large investments in women's human capital inflexibility and traditionalism result in no clear improvement of women's situation or expectations connected to gender roles. However, women face the demand to be superwomen once they want to fulfil a professional and a family role at the same time. Hungarian men hardly increase their contributions to family life and housework.

This traditionalism is clearly detected in the case of women in management. If we simply look at the Hungarian and European average we can see a rather similar picture. However, behind the aggregate data we cannot overlook the clear structural disadvantages like high vertical segregation that impedes female promotion and career. These negative phenomena result in obvious inequalities in terms of power, influence and income. Still this is not the basic obstacle to women's promotion. The main problems for women are the deep-rooted prejudices and stereotypes which are usually hidden but strong and effective in preventing women from having a professional career.

References

Asztalos-Morell, Ildikó (1999), Emancipations's Dead-End Roads? Studies in the Formation and Development of the Hungarian Model for Agriculture and Gender (1956-1989). Acta Universitatis Upsaliensia 46. Uppsala

Bukodi, Erzsebet (2006), Women's Labour Market Participation and Use of Working Time. In: Nagy, Ildikó / Pongrácz, Tiborné / Tóth, Istvan György (eds.), Changing Roles. Report on the Situation of Women and Men in Hungary 2005, TÁRKI, Bp. 2006 15-43.

Dipboye, Robert L. (1987), Problems and progress of women in management. In: Koziara, Karen Shallcross / Moskow, Michael H. / Tanner, Lucretia Dewey (eds.), Working Women: Past, present, future. Washington, D.C.: Bureau of National Affairs

Eiro (2006), Gender and career development, Eironline http://www.eurofound.europa.eu/eiro/studies/tn0612019s/tn0612019s_2.html (2007-04-13)

EU (2006a), Women and men in managerial positions 2005, last updated on 04-12-06, http://ec.europa.eu/employment_social/women_men_stats/out/measures_out4311_en.htm (2007-06-14)

EU (2006b), Decision-making in the top 50 publicly quoted companies 2006, http://ec.europa.eu/employment_social/women_men_stats/out/measures_out438_en.htm (2007-06-14)

Ferge, Zsuzsa (1999), Hogyan hatott a rendszerváltozás a nők helyzetére? In: Lévai, Katalin / Kiss Róbert (szerk.) Vegyesváltó, Bp., Egyenlő Esélyek Alapítvány

Frey, Maria (2002), Nők és férfiak a munkaerőpiacon (Women and Men in the Labour Market). In: Nagy, Ildikó / Pongrácz, Tiborné / Tóth, Istvan György (eds.), Szerepváltozások. Jelentés a nők és férfiak helyzetéről 2001. TÁRKI.

Gal, Susan / Kligman, Gail (2000), The Politics of Gender after Socialism. A comparative historical essay, Princeton, New Jersey, Princeton University Press

Indicators (2006), Indicators for Monitoring the Employment Guidelines. 2006 Compendium. Last updated: 01/08/2006, ec.europa.eu/employment_social/employment_strategy/pdf/compendiumjuly2006_en.pdf

Kemény, Istvan / Janky, Béla / Lengyel, Gabriella (2004), A magyarországi cigányság 1971-2003, Gondolat Kiadó

Nagy, Beáta (2006), Women in Management. In: Nagy, Ildikó / Pongrácz, Tiborné / Tóth, Istvan György (eds.), Changing Roles. Report on the Situation of Women and Men in Hungary 2005, TÁRKI, Bp. 2006 44-55

Nagy, Beáta / Vicsek, Lilla (2006), Mit ér a női vezető szava? Férfi és női vezetők megítélése önkormányzati dolgozók körében Századvég, Új Folyam 41. szám 2006/3 123-160.

Pongrácz, Marietta (2006), Gender Roles. Findings of an International Comparative Study. Time. In: Nagy, Ildikó / Pongrácz, Tiborné / Tóth, Istvan György (eds.), Changing Roles. Report on the Situation of Women and Men in Hungary 2005, TÁRKI, Bp. 2006 71-84.

Powell, Gary N. (1999), Reflections on the glass ceiling: recent trends and future prospects. In: Powell, Gary N. (ed.), Handbook of Gender and Work. London: Sage.

SSB (2007), Gender representation in public limited companies, Twice as many PLC fulfil the gender demands, http://www.ssb.no/english/subjects/10/01/ner_en/ (2007-3-20)

Equality between Women and Men in Slovenia: The Inclusion of Men in Gender Equality Policy

Živa Humer

Introduction

Taking a closer look at the 20th century in Europe and in the US, enormous advances were achieved in feminist theory and movement: women massively entered the labour market, started to obtain university education and entered politics. Feminism as a theory was introduced at the universities in the form of gender and women's studies programmes. In many countries all over the world women received the right to vote in the 20th century. In Slovenia women entered the universities at the end of the 19th century, and they were granted the right to vote in 1946. From the beginning of the 20th century women increased their proportion at the universities; after the 1980s in Slovenia there have been more women in the undergraduate programmes at the universities and also more women than men to hold BA degrees. These are only a few big steps taken by women in the 20th century; men, on the other hand, have not experienced many social and political changes in terms of their active engagement in the private sphere and/or less engagement in the public sphere.

On the EU level the policy development regarding gender equality in the past few decades aimed at gender equality in the public sphere and focused on how to establish more equal conditions for women in the spheres of paid labour and politics.[1] On one hand, women still experience a double burden of paid productive work in the public sphere and unpaid work in the private sphere, at home. All the while, men have stayed in the public sphere, slowly loosing their status as the main breadwinners. According to Hochschild (1997) social circumstances changed for both women and men but social roles of women and men have not changed at the same speed. Women's entrance into the sphere of paid labour was not simultaneously followed by men's entrance into the private sphere which leads to the notion of a "stalled revolution".

This essay attempts to analyse gender (in)equality in the last decades in Slovenia and focuses on the inclusion of men in gender equality policy. Referring to Hochschild's concept of the "stalled revolution" (1997), this paper attempts to show that men fail to establish a gender equality sustainable environment. My aim is twofold: first, to show the development of gender (in)equality in Slovenia in the last few decades focusing on men's role, and

1 Most relevant policy steps concerning equality between women and men in the public sphere are represented in the following documents: Treaties of Rome (1957), Treaty of Amsterdam (1997), Directive 75/117/EEC in 1975, Directive 76/207/EEC in 1976, Directive 86/378/EEC and Directive 2004/113/EEC.

second, to explore the policy mechanisms that aim to involve men more actively in the private sphere and to explore what the effects of the latest policy measure – the paternity leave in Slovenia – are.

The first part of the essay outlines the political and social framework of Slovenia as a post-socialist country and a recent member of the EU. Data focusing on three fields, labour market, political participation and domestic sphere, will be analysed from a gender-based point of view. In the second part, the policy mechanism and media campaign encouraging men, especially fathers, to get involved more actively in family life by using the paternity leave will be discussed. The main attempt is to consider the effects of gender equality policy, by focusing on men who take paternity leave. In this part the main results of the research project *Prospects of new fatherhood in Slovenia: the influence of paternal leave on active fatherhood* will be discussed.[2] I will also refer to the results of the *Focus* project (Fostering caring masculinities), in particular to the gendered division of domestic work and the influence of the work environment on the active involvement of men in family life.

Equality between women and men, which is often also perceived as gender equality, is definitely not a new issue on the political agenda of the European Union. As written down in the *Trio Presidency Declaration – Towards Gender Equality in the European Union*, gender equality represents a fundamental principle of the EU. As for Slovenia, which became a EU member state as one of ten countries in the fifth EU enlargement on May 1st, 2004, the accession to the European Union has played an important role in the adoption of equal opportunities legislation. In Slovenia the National Assembly adopted an umbrella law on gender equality, the Act on Equal Opportunities for Women and Men, on June 21st, 2002 as part of the *acquis communautaire*. Shortly after Slovenia's accession to the EU the Slovenian Act Implementing the Principle of Equal Treatment (2004) was adopted. Equal opportunities for women and men became a fundamental principle in Slovene legislation originally deriving from the EU legislation with regard to employment policy, labour market, and political participation (Gortnar / Salecl 2004).[3] But nevertheless, the shortcomings of the Act and the EU legislation are the same:

2 The project "Prospects of new fatherhood in Slovenia: the influence of paternity leave on active fatherhood" was conducted in 2005 (from April to September) by the Faculty of Social Sciences (University of Ljubljana) financed by the Office for Equal Opportunities (Ljubljana).

3 The feminist movement influenced gender equality policy in the 1990s; afterwards the EU played an important role during the accession period in Slovenia. The Slovenian feminist movement as a part of the civil society movement in the late 1980s and in the beginning of the 1990s significantly influenced the institutionalisation of gender equality. The preservation of the Article 55 (the right to abortion) in the Slovene Constitution in 1991, the contribution during the formation of state institutions, such as Komisija za žensko politiko (Committee for Women's Politics) in 1990 and Urad za žensko politiko (Office for Women's Politics) in 1992 are the most remarkable examples of success of the feminist movement in Slovenia. These two offices, which emerge from the civil society movement, along with the strong involvement of feminist groups, have prepared the ground for the institutionalization of gender equality policies and equal opportunities policies (Jalušič, 2002; Gortnar, 2002).

they both neglect the relevance of the private sphere, especially the gendered division of domestic work.[4]

New social trends, demographic changes (decrease in fertility rate, aging population), family pluralisation, changes related to care processes and changes in the labour market (changing work arrangements and conditions), and the increase of women's participation in labour markets in the EU member states are only a few indicators that demonstrate that changes are needed in terms of gender relations: equal opportunities for women and men are needed in both spheres, private and public. The feminist idea that equality of women and men in the public sphere begins with equality in the private sphere is covered in recent EU policies aimed at the reconciliation of family and work and the inclusion of men in the private sphere.

Gender (In)Equality in Slovenia

"Nobody will be left behind, nobody will get ahead and we will all be in the same boat", represented the idea of equality during socialism which encompassed the collectivist spirit and the idea of sameness (Šiklova 1996:12). Therefore the general idea of equality in socialism was the inclusion and participation of both women and men in the public sphere, that is the sphere of politics and labour market (Watson 2000). Women were perceived not only as mothers and housewives but also as workers and their entry to the labour market was seen as a "duty to the state and to their families" (Molyneux 1982:174).

Legal equality was granted by the state and state feminism included women's reproductive rights and social rights, as well as many social provisions, such as day care centres for children and health insurance, thus enabling women to participate in the labour sphere (Jalušič 1999, 2002). Socialism improved the situation of women in the labour sphere in terms of economic independence, the right to work and in the domain of social rights (Watson 2000). In Slovenia, which was an integral part of the former Socialist Federative Republic of Yugoslavia from 1945 until 1991, the concept of emancipation was seen in connection with the central idea that inequality was based on class relations and private property (Jalušič 1999; Jeraj 2003). After World War II female employment in Slovenia increased from 33,2 percent among all employed in 1953 to 45,9 percent in 2004 (Kozmik / Jeram 1997:107; Urad za žensko politiko 1993:25; Urad za enake možnosti 2006:38). In the field of politics in the former Yugoslavia there was a 30 percent quota for women's participation in politics but women lacked any political power in the decision-making processes in the former Yugoslavia (Drakulić 1993).

4 The term domestic work is a broader term and includes all types of unpaid work in the private sphere, in the sphere of home, such as household work, caring work at home, etc. (Rener in Oakley, 2000).

The breakdown of the former Yugoslavia and the transition from state socialism to democracy based on the social liberal concept of citizenship was marked by political and social uncertainty and unemployment; the privatization process seemed to affect women to a larger extent than men (Watson 2000). The integration of Slovenia into international institutions, like the European Union and NATO, as well as social and economic stability of the state were main concerns of official politics which resulted in cutbacks on the sources for social provisions and facilities and in the decrease of women's participation in politics (Jalušič / Antić 2001; Jalušič 2001; Antić 1999). The shift from state socialism to democracy in Slovenia has not resulted in a change of traditional family patterns in everyday life and of traditional gender roles of women and men. There is a barrier for women to enter the public sphere, the sphere of paid labour and politics, as noted by many authors such as Okin (1979) and Oakley (2000). Similarly, it also hinders men from entering the sphere of family life. Or in Drakulić's words (1993:128), "women once again are being told that something else is more important than their rights: this time, it is democracy".

The issue of equality for women and men seemed not to be one of the priorities on the political agenda during the transition period in Slovenia. However, the principle of equality before the law is ensured by Article 14 of the Constitution, the Act on Equal Opportunities for Women and Men (2002) and the Act Implementing the Principle of Equal Treatment (2004). These provisions, however, do not necessarily guarantee equality for women and men in real life. The percentage of women in the public sphere, particularly in politics, is low while on the other hand women as homemakers and caregivers devote a disproportionate amount of time to family life and household work. More than 90 percent of domestic work considered repetitious and monotonous, such as cleaning and ironing, is done by women while men participate in the domestic work mostly by shopping or taking care of the children – while taking sick leave is still a woman's domain – and small repairs in the house (Analiza stanja 2005).

The participation of women in politics during the transition period decreased, especially in the first half of the 1990s, which shows the ignorance of the state regarding the issue of equality between women and men. The percentage of women MPs in the National Assembly of the Republic of Slovenia was very low in the 1990s: It dropped from 16.8 percent of women MPs in 1992 to 8.4 percent of women MPs in 1996 and only marginally increased to 13.3 percent of women MPs in 2000 and 2004. In 2004 there was only one female minister (assigned to the Ministry of Agriculture) among 15 ministers (Office for Equal Opportunities 2006). At the local level the representation of female mayors is even lower: 4.2 percent in 1998, 6.2 percent in 2002 and 3.3 percent in 2006 (Office for Equal Opportunities 2006). Nevertheless, a higher percentage of women at all levels of politics can be expected in the coming years as a result of having to implement quotas to foster equal participation of women and men (Gortnar 2004). For elections to the European Parliament the law stipulates a minimum quota of 40 percent for female MEPs. Currently, there are 43 percent female MEPs from the Republic of Slovenia (Office for Equal Opportunities 2006).[5]

On the labour market one can observe the vertical and horizontal segregation, where women occupy only one third of the well-paid and high ranking positions despite the fact that women attain higher education than men. The most feminised field of labour is the service sector (55.3 percent of women), including, among others, the health, education, tourism and catering sector (Office for Equal Opportunities 2006:39). In 2002 women in Slovenia earned on average 9.5 percent less than men with an equal level of education. The biggest gender pay gap (23.7 percent) was among employees with vocational qualifications, the smallest gender pay gap is among people having PhD at 7.8 percent (Office for Equal Opportunities 2006:39).

Above all, the social, political and economic changes following the shift from socialism to democracy in the 1990s affected both women and men. The general legal equality for men and women in the socialist period was granted by the state, including women's reproductive and social rights. Due to the engagement in paid employment, which was considered as women's and men's duty to the state and to the family, typical families had two breadwinners. Despite the high level of women's employment and their relative economic independence, the traditional gender roles of women and men in the private sphere did not change during socialism, while during the transition period to democracy traditional gender roles were only transferred into the new political and social system. The position of women in the transition period seemed to deteriorate, particularly in regard of the participation of women in politics. Thus, the main problem as stated by Jalušič (1999:129) is that the shift from socialism to democracy in Slovenia did not encompass a change of traditional family patterns, gender roles and relationships in everyday life which is a barrier for women to enter politics and for men to equally participate in the private sphere. Therefore despite the well developed gender equality legislation in Slovenia gender inequality exists in all spheres of life.

Gender Equality Starts at Home – Work/Life Balance

The process of including men in the private sphere of unpaid domestic work based on policy mechanisms, such as paternity leave for fathers, is much slower than the process of including women in the public sphere and the

5 Quotas for the local elections were adopted in the Local Elections Act in 2005 and for the national elections in the National Assembly Elections Act 2006 and will be implemented gradually. In the elections to the 2008 National Assembly a 25 percent quota will be implemented, which will increase to 35 percent quota in the elections in 2012. In the local elections in 2006 there was a 20 percent quota which will increase to 30 percent in the elections of 2010 and to 40 percent in the elections of 2014 (The National Assembly Elections Act 2006, The Local Elections Act 2005).

labour market. Empirical data show that changes in the gendered division[6] of domestic work is a slow process, also perceived as a stalled revolution (Analiza stanja 2005; First European Quality of Life Survey 2004; How Europeans spent their time 2004; Hochschild 1997). In spite of the high percentage of employed women in the EU, in particular in the new EU member states, domestic work remains in the domain of women, and as such it is also transferred from women to women, i.e. to female relatives, babysitters, hired domestic help (Rerrich in Švab 2001:152; Ehrenreich / Hochschild 2003).

Recent empirical studies on work and family balance show that women remain in their roles of home managers, do most of the domestic work and take care of the children and the partner, often also for other family members. Men do much less 'undesirable' domestic work, for example, cleaning the toilet or bathroom, ironing, cleaning the house, etc. The research *How Europeans spend their time* reveals that women in Estonia, Slovenia, Hungary, Belgium, France, Great Britain, Germany, Finland, Norway and Sweden do two thirds of all domestic work. On a daily level this means approximately 4 hours for domestic work every day, care work for the children, partner and other family members not included. In the *European quality of life survey* women in two-parent families do more domestic work than women in single parent families or women in extended families. On the other hand, the situation is different for men, who do more domestic work in single parent families than in two-parent families. Besides, women in the 'new' member states of the European Union are more stressed by the double burden than women in the 'old' member states, where women often work part-time when having small children. In the 'new' member states women and men spend more time at the workplace, and women are usually full-time employed even when they have (small) children. The main difference between women and men in the division of domestic work is the type of work and the time when domestic chores are done. Women spend more time on caring and nurturing children and on repetitious household tasks, such as cleaning, cooking, ironing – domestic tasks which need to be done regularly at a specific time. Men spend more time on gardening, small repairs, cleaning the car, etc. – men have more control of when they actually do the work. Furthermore, women more often do several jobs at once, they are 'juggling three spheres' as Hochschild (1997) emphasises, children, domestic work and job while men usually have to cope with two spheres, children and workplace.

Nowadays men spend more time on domestic work in comparison with past generations of men but they engage in such work only gradually and selectively (Bianchi et al. 2001; Švab 2001). As shown in the *Focus* project, employed men participate in family life especially in the upbringing and care of the children but less in domestic tasks, in particular housework. The division of domestic work is shaped also by time pressure which affects both, women and men, and works in two ways: flexible arrangements according to the time

6 The studies which explore the influence of unemployment on the participation in household work show that unemployment has no effect on the inclusion of men in household work (Robertson in Švab 2001:152).

available or, in some cases, division according to preferences, all of which are still marked by the gendered divisions of labour. Time pressure can soften the gendered division of domestic work, but at the same time it can also work the opposite way – it can enforce the gendered patterns of the division of labour because it does not demand any additional efforts, arrangements, or agreements among partners (Hrženjak et al. 2006).

All in all, men participate in the more desired and pleasant types of domestic work, mostly in childcare, in the activities that are more convenient and bring more personal satisfaction, such as playing with children, taking them out for walks and help with doing homework while the 'less pleasant' care of a sick child remains in the women's domain. Švab (2001:151) points to the 'autotherapeutic character' of the father's presence and inclusion in family life in which "dealing with children functions as psychological therapy, while routine domestic work ... represents merely an additional, superfluous burden". Or in other words, men are "mothering the children" while women are "mothering the house" (Hochschild 1997:9).

Statistical data for Slovenia shows that men who used to spend an average of 7 hours per week doing domestic work in the 1990s are nowadays more involved in domestic work, i.e. a full-time employed man spends an average of 14.5 hours on domestic work every week while full-time employed women spend a weekly average of 25 hours on domestic work (Analiza stanja 2005:9).

Care activities such as taking care of oneself and others and nursing family members in need of care represent the extension of women's domestic work (Drew et al. 1998). The data on the absence from the workplace due to caring for family members show that women remain the main care-takers in the private sphere since they are absent from work 6 times more often than men. Women remain home managers and care-takers in the private sphere. Women predominantly do the 'invisible' work, i.e. all types of work that are unavoidable. Thus, full-time employed women who not only take care of children but also nurse family members in need of help spend a weekly average of 4.5 hours on care activities, while full-time employed men spend an average of 2 hours per week doing the same activities (Analiza stanja 2005:7).

Men and Gender Equality Policy – Paternity Leave

The feminist idea that equality between women and men in the public sphere begins with equality in the private sphere is covered in recent policy mechanisms on the reconciliation of family and work. One of these mechanisms is active fatherhood. In particular, the 1990s indicate the parallels between theoretical interests on active fatherhood and implementing policy mechanisms in order to foster active fatherhood Active fatherhood in this context means active involvement of men in family life, such as dissolving the division of unpaid domestic work, or sharing responsibilities for taking care of children and other caring work.

In Slovenia active fatherhood has been promoted by the legislation on parental leave which is regulated by the Parental Protection and Family Benefit Act (Official Gazette, no.110/03 – UBP) adopted in 2001. Parental leave consists of four types of leave: maternity and paternity leave, parental leave to take care of a child, and adoption leave. Paternity leave was introduced in Slovenia in 2003, but its origins can be attributed to the family legislation during the 1990s, in which a father's right to use parental leave to take care of the child derived from the mother's right, her employment status and her consent that the leave can be used by the father (Zavrl 1999). The Act on Paternity Leave was introduced in 2003 and its significance is that it is not transferable. It consists of 90 days of which the first 15 days are paid and have to be taken until the child is six months old. Fathers can take the remaining 75 days after the maternity leave is finished and until the child is 3 years old. These 75 days are not paid – fathers are not entitled to receive paternal allowance, and they are only eligible to the contributions for social security based on the minimum income (Office for Equal Opportunities 2006:37). These 75 days of unpaid paternity leave give little incentive to men to become more active fathers, which is also represented in the statistical data. In 2004 only 9 percent of fathers used the paternity leave without paternal allowance. The statistical data for the first 15 days of paternity leave are more promising and show that approximately 72 percent of all employed men made use of it in 2004 (Office for Equal Opportunities 2006:37).

Parental leave to take care of the child is another opportunity for men to get more actively engaged. It extends up to 260 days starting after maternity leave (which comprises the first 105 days after birth) and either one parent or both parents are entitled to it. Despite the legal possibility of sharing parental leave, the data on the use of parental leave are highly gendered. Statistics show that in 2003 only 2,3 percent of men took advantage of parental leave; in the past few years the share of fathers did not even exceed 1 percent (Ministry for Work, Family and Social Affairs; Office for Equal Opportunities 2006). Besides legislation in the field of family policy, the information campaigns of the Office for Equal Opportunities – "Daddy, be active" as well as "Daddy's race" – and several research projects also focused on active fatherhood in Slovenia.[7] "Daddy's race" is an information and promotion campaign concerning the role of fathers in families. Every Saturday during September 2006 a race for fathers and children was organised in different municipalities in Slovenia (Office for Equal Opportunities 2006).

---

7 Among the research projects were the project *Novi trendi v starševstvu - analiza očetovstva ter predlogi za izboljšanje družinske politike na tem področju* (2004-2008) (New trends in parenthood – analysis of fatherhood and recommendations for improvement of family policies) carried out by the Faculty of Social Sciences, University of Ljubljana, the international project *FOCUS – Fostering caring masculinities* (2005/2006) which was conducted by the Peace Institute (more about the project at www.caringmasculinities.org) and the project *Prospects of new fatherhood in Slovenia: the influence of paternity leave on active fatherhood* (2005) which was conducted by the Faculty of Social Sciences, University of Ljubljana.

Despite a well-developed parental leave legislation the gap between theory and practice is revealed in the research project *Prospects of new fatherhood in Slovenia: the influence of paternity leave on active fatherhood.* [8] The desired goal of active fatherhood – a more active inclusion of men in domestic work and care of the children – is developing rather slowly. On a general level, fathers support the idea of a more active role of men in the family. They hold more modern and supportive attitudes towards the division of labour between women and men in the public as well as in the private sphere. But the statements of women who were interviewed in the focus group reveal a slightly different picture: they stress that men's participation in domestic work means predominantly the more pleasant and visible domestic work, such as nursing, caring and playing with the children, while all the rest of domestic work, particularly the household work, remains the women's domain. As it seems the major changes appear on the level of values, beliefs, and perceptions about active fatherhood, motherhood, and the position of women and men in the family, family life and society. The gap between wishes and men's expectations concerning gender equality and the actual everyday practices of asymmetrical division of domestic work between partners is revealed in many recent studies (Smeaton 2006; O'Brien 2005; O'Brien and Shemlit 2003; Knijn 1995).

In the project *Prospects of new fatherhood in Slovenia: the influence of paternity leave on active fatherhood* the caring work done by fathers covered the period of the partner's pregnancy, childbirth and paternity leave. The research shows that 80 percent of all fathers were present at childbirth; all the interviewed fathers were visiting their newborn baby and their partner in the maternity hospital, and 97 percent of fathers were participating in the preparations for childbirth. During paternity leave 98 percent of fathers were engaged in comforting and nursing the baby while only 49 percent of fathers got up at night and took care of the crying child (Rener et al. 2005:46-47, 50-51).

On the one hand, paternity leave is an important mechanism for fostering active fatherhood. As the results showed, all the activities in pregnancy, including the men's presence at the birth of the child, positively affected the development of a father's identity, which is a crucial condition for active fatherhood. Especially the first part of paternity leave seemed to be considerably important, when father's participation is seen as much-needed help and support to the partner. Fathers were engaged in domestic work, in

8 The research project covers the main aspects of fatherhood in Slovenia with the focus on concrete mechanisms of family policies like paternity leave which presents the latest measure to promote and encourage an active role of fathers in the family. The main part of the research project presents the empirical quantitative and qualitative research on the use of paternity leave in Slovenia. The quantitative part of the research consists of interviews with 232 fathers (who took the first 15 days of paternity leave) from all over Slovenia. The qualitative part of the research includes the focus group of women whose partners took paternity leave. The interviews with the fathers were carried out in selected kindergartens in Slovenia, in the age group of children from 1 to 3 years.

particular in caring and playing with the older children and partly also nursing the newborn child.

Besides, interviewed fathers welcomed the right to paternity leave in terms of being there for the child and the partner which can be expressed in the following words: "Father's leave is an excellent opportunity for starting the family, for getting involved in the education, for dividing up the domestic chores and for taken responsibility for the family. I wish, there would be even more attractive ways than fathers' leave which would support the mother, the child and also the father, and which would strengthen the role of the father in the family" (Rener et al. 2005:53).

On the other hand, there is a significant relapse to the traditional division of domestic work between men and women after the father returns to work and especially in the first year after the child is born. This is also the period when fathers go back to work and mothers stay with their children at home using maternity and parental leave (Rener et al. 2005:56).

As the research findings confirm the shift to active fatherhood in Slovenia exists mainly on the level of values, beliefs and support for the partner while the culture and the practice of active fatherhood is still at its beginnings. There are different reasons, from a lack of good practices of active fatherhood to tradition and rigidness of beliefs about traditional gender roles and stereotypes. The right to paternity leave itself does not guarantee that men will make use of it. For example, one third of fathers in the research had to attend to working obligations while they were on paternity leave (Rener et al. 2005). As the results of the Focus project show, the work place has an important impact on the reconciliation of work and family life, for example with respect to taking different types of leave, working reduced hours, or depending on the attitude of the employer. There are formal and informal mechanisms that enable men to reconcile private and public life. Informal mechanisms are most often arrangements with co-workers and with management, while formal mechanisms are different types of leaves (maternity and paternity leave, parental leave), flexible working hours and work from home (Hrženjak et al. 2006). Therefore, the work place and the demands of employers can impede the inclusion of fathers in more active caring for children.

Conclusion

To sum up, two aspects shall be emphasized: first, the inclusion of all men in gender equality policy, and second, the change of gender roles of women and men in all spheres of life. Gender equality policy in Slovenia has recently been focusing on men, in particular the social group of fathers, by implementing policy mechanisms like paternity leave. What is problematic is that policy mechanisms aiming at involving men in the private sphere are solely limited to one social group of men – fathers. Paternity leave is only one of the possible mechanisms of family policy for promoting active fatherhood.

Besides, systematic policies should be based on equal opportunities and the inclusion of all men.

Gender equality in the workplace and in politics is related to equality in the private sphere and to changes in the social roles of women and men in all spheres of life. It is far too general to conclude that inequality between women and men originates in the private sphere. Moreover, it should be noted that establishing grounds for gender equality is insufficient if equal opportunity policies and its mechanisms deal only with one side of the coin, which is achieving equality of women and men in the public sphere, and not also with the other side, that of the private sphere.

References

Analiza stanja. Podlaga za Predlog Resolucije o nacionalnem programu za enake možnosti žensk in moških (2005-2013) (Situation Analysis. The Basis for the Proposal of the Resolution on the National Programme for Equal Opportunities for Women and Men (2005-2013)), 2005, 9. Cf. http://www.uem-rs.si/slo/NPZEMZM_analiza.pdf, 12.5. 2005.

Antić, Milica Gaber (1999), Slovene Political Parties and Their Influence on the Electoral Prospects of Women. In: Corrin, Chris (ed.), Gender and Identity in Central and Eastern Europe, London/Portland: Frank Cass Publishers, 7-30.

Bianchi, Suzanne M. / Milkie, Melissa A. / Sayer, Liana C. / Robinson, John P. (2000), Is Anyone Doing the Housework? Trends in the Gender Division of Household Labor. Social Forces, Vol. 79, No. 1, 191-228.

Drakulić, Slavenka (1984), Smrtni grijesi feminizma. Ogledi u mudologiji (Deadly Sins of Feminism). Zagreb: Znanje.

Drew, Eileen / Emerek, Ruth / Mahon, Evelyn (eds.) (1998), Women, Work and the Family in Europe. Routledge: London, New York.

Ehrenreich, Barbara / Hochschild, Arlie R. (eds.) (2003), Global Woman: Nannies, Maids and Sex Workers in the New Economy. Granta Books: London.

Gortnar, Maruša (2002), EU Enlargement and Gender Mainstreaming in a Comparative Perspective: Slovenia, Hungary and the Netherlands. Unpublished MA thesis, Central European University, Budapest.

Gortnar, Maruša (2004), Razprave o kvotah v slovenskem parlamentu (Discussions on Quotas in Slovenian Parliament). Teorija in praksa, XLI, 5-6, 1034-1050.

Gortnar, Maruša / Salecl, Tanja (2004), Pregled pravne ureditve v EU in Sloveniji na področju človekovih pravic žensk (ključne direktive in zakoni) (An Overview of the EU and Slovene Legislation in the Sphere of Women's Human Rights (Key Directives and Acts)). In: Jalušič, Vlasta / Zagorac, Dean (eds.), Človekove pravice žensk. Uvodna pojasnila in dokumenti (Women's Human Rights. Introductory Explanations and Documents), 114-147. Ljubljana: Društvo Amnesty International Slovenije and Mirovni inštitut (Peace Institute).

Hochschild, Arlie R. (1997), The Second Shift. New York: Avon Books.

Hrženjak, Majda / Humer, Živa / Kuhar, Roman (2006), Fostering caring masculinities: Slovenian National Report. Ljubljana: Mirovni inštitut.

Jalušič, Vlasta (1999), Women in Post-Socialist Slovenia: Socially Adapted, Politically Marginalized. In: Ramet, Sabrina P. (ed.), Gender Politics in the Western Balkans: Women and Society in Yugoslavia and the Yugoslav Successor States. University Park, Pennsylvania: The Pennsylvania State University Press, 109-131.

Jalušič, Vlasta / Antić, Milica Gaber (2001), Women – Politics – Opportunities. Ljubljana: Mirovni inštitut.

Jalušič, Vlasta (2002), Kako smo hodile v feministično gimnazijo (How We Attended Feminist Gymnasium). Ljubljana.

Jeraj, Mateja (2003), Komunistična partija, Antifašistična fronta žensk in uresničevanje enakopravnosti v Sloveniji (1942 -1953) (Communist Party, Antifascist Women's Front and Establishment of Equality of Rights in Slovenia (1942 – 1953). Arhivi 26, 1, 161-178.

Knijn, Trudie (1995), Towards post-paternalism? Social and theoretical changes in fatherhood. In: van Dongen, Miriam / Frinking, Gerard / Jacobs, Matthias (eds.), Changing fatherhood: an interdisciplinary perspective. Amsterdam: Thesis Publishers, 1-21.

Kozmik, Vera / Jeram, Jasna (1997) (eds.), Položaj žensk v Sloveniji v devetdesetih (Women in Slovenia in the 1990s). Poročilo Urada za žensko politiko za obdobje 1990-1995 (Report of the Office for Women's Politics for the Period 1990-1995). Ljubljana: Urad za žensko politiko (Office for Women's Politics).

Marsiglio, William / Amato, Paul / Day, Randal D. / Lamb, Michael E. (2000), Scholarship on Fatherhood in the 1990s and beyond. Journal of Marriage and the Family, 62:1173-1191.

Molyneux, Maxine (1982), Women in Socialist Societies: Problems of Theory and Practice. In: Young, Kate / Wolkowitz, Carol / McCullagh, Rosalyn (eds.), Of Marriage and the Market: Women's Subordination in an International Perspective. London: Routledge, 169-200.

Oakley, Ann (2000), Experiments in Knowing: Gender and Method in Social Sciences, Cambridge.

O'Brien, Margaret / Shemilt, Ian (2003), Working fathers: earning and caring. Manchester: Equal Opportunities Commission.

O'Brien, Margaret (2005), Shared caring: bringing fathers into the frame. Manchester: Equal Opportunities Commission.

Okin, Susan M. (1979), Women in Western Political Thought. Princeton, NJ: Princeton University Press.

Rener, Tanja / Švab, Alenka / Žakelj, Tjaša. / Humer, Živa (2005), Perspektive novega očetovstva v Sloveniji: vpliv mehanizma očetovskega dopusta na aktivno očetovanje. Raziskovalno poročilo. Ljubljana: Fakulteta za družbene vede, Univerza v Ljubljani.

Rener, Tanja (2000), O delu iz ljubezni. In: Oakley, Ann, Gospodinja. Ljubljana, 279-298.

Smeaton, Deborah (2006), Dads and their babies: a household analysis. Manchester: Equal Opportunites Commission.

Šiklova, Jirina (1996), Report on Women in the Post-communist Center of Europe. Personal View from Prague. In: Butorova, Zora, She and He in Slovakia. Gender Issues in Public Opinion, 7-19. Bratislava: USPO.

Švab, Alenka (2001), Družina: od modernosti k postmodernosti. Ljubljana: Znanstveno in publicistično središče.

Urad za žensko politiko (Office for Women's Politics) (1993), Začetno poročilo Republike Slovenije o sprejetih ukrepih za odpravo vseh oblik diskriminacije žensk (Preliminary Report from the Republic of Slovenia on Measures taken for the Elimination of all Forms of Discrimination against Women. Ljubljana: Mihelač.

Urad za enake možnosti (Office for Equal Opportunities) (2006), Fourth Periodic Report of the Republic of Slovenia on the Implementation of the Provisions of the Convention on the Elimination of All Forms of Discrimination against Women. Ljubljana.

Watson, Peggy (2000), Politics, Policy and Identity: EU Eastern Enlargement and East-West Differences. Journal of European Public Policy, 7:3, 369-384. Taylor & Francis Ltd.

Zavrl, Nataša (1999), Očetovanje in otroštvo (Fathering and childhood). Ljubljana: Znanstveno in publicistično središče.

Other sources:

Act on Equal Opportunities for Women and Men (2002), The Government of the Republic of Slovenia, Office for Equal Opportunities, Ljubljana, Slovenia. Retrieved May 15, 2006, http://www.uem.gov.si/

Act Implementing the Principle of Equal Treatment (2004, The Government of the Republic of Slovenia, Office for Equal Opportunities, Ljubljana, Slovenia. Retrieved May 15, 2006, http://www.uem.gov.si/

Directive 75/117/EEC, accessed on May 31, 2007: http://www.uem.gov.si/

Directive 76/207/EEC, accessed on May 31, 2007: http://www.uem.gov.si/

Directive 86/378/EEC, accessed on May 31, 2007: http://www.uem.gov.si/

Directive 2004/113/EEC, accessed on May 31, 2007: http://www.uem.gov.si/

First European Quality of Life Survey: Families, work and social networks. European Foundation for the Improvement of Living and Working conditions (2004)

http://www.eurofound.eu.int/areas/qualityoflife/eqls.htm

How Europeans spent their time. Everyday life of women and men: 1998-2002, (2004).

http://epp.eurostat.ec.europa.eu/cache/ITY_OFFPUB/KS-58-04-998/EN/KS-58-04-998-EN.PDF

Ministrstvo za delo, družino in socialne zadeve (Ministry of Labour, Family and Social Affairs).
http://www.mddsz.gov.si/

Official Gazette, 2001, no.110/03.

Treaty of Amsterdam, accessed on May 31, 2007, http://www.europarl.europa.eu/topics/treaty/pdf/amst-en.pdf

Treaty of Rome, accessed on May 31, 2007, http://www.hri.org/docs/Rome57/

Trio Presidency Declaration – Towards Gender Equality in the European Union, Federal Ministry for Family Affairs, Senior Citizens, Women and Youth, accessed on May 31, 2007, http://www.bmfsfj.de/eupresidency/root.html

Zakon o lokalnih volitvah (The Local Elections Act). Ur. l. RS, št. 72/2005. Retrieved September 17, 2006, http://www.uradni-list.si

Zakon o volitvah v državni zbor (The National Assembly Elections Act). Ur. L. RS, št. 78/2006. Retrieved September 17, 2006, http://zakonodaja.gov.si

Bulgaria's Accession to the European Union and the Impact on Gender Equality Policies: Harmonies and Discords

Nadejda Alexandrova

The exuberant ceremony on the occasion of Bulgaria's accession to the European Union on January 1, 2007 culminated in the harmonious singing of the *Ode to Joy* in the city centre of Sofia. The hymn was introduced by professional musicians – orchestra, chorus and opera singers. Politicians came onto the stage and then the Bulgarians, celebrating in the streets, joined in. Gradually it got mixed with other Balkan rhythms of joy and echoed in the nearby administrative buildings in a strange dissonance.

I interpreted this mingling of tones as a metaphor for the way legislation concerning women and gender equality had been introduced, demonstrating the political will for EU harmonisation. Despite the demonstration of political will the legislation process is very slow for a number of reasons. Firstly, there is the conviction in the society that communist legislature had already done enough with respect to women and gender equality. Pre-1989 ideological claims were frequently treated as if they were reality. Previous legislative measures did have an effect on gender equality but never affected everyday life, which continues to produce obstacles to present day efforts. Secondly, even though certain laws and bills exist already on paper – the anti-discrimination bill, the anti-trafficking law and the law against domestic violence – the process of putting them into practice by creating national and regional councils, shelters, etc., is hampered by scarce budgeting and poor operational mechanisms. In practice the new legislation set some peculiar precedents and led to paradoxes in society. The harmonization of gender equality measures undertaken in Bulgaria in recent years also resulted in the participation of women in the labour market, the level of unemployment and the quality of social measures, concerning maternity leave, childcare and abortion. The aspects of hidden unemployment, the 'glass ceiling' effect and scarce resources for childcare institutions create discords in the smooth rhetoric of the EU accession. Activists on grassroots and upper decision-making levels hope that further efforts in adopting EU gender-equality regulations will lead to a better balance between men and women on various levels and strengthen gender equality in Bulgarian society.

In this ambience of existing discords in implementing gender equality policy, there is a hopeful element in Bulgarian social life with respect to gender activism. This is the climate, formed by the co-operation between NGOs, certain political structures and academic institutions, which keeps the issue of gender equality in the public debate. At present there is a strong lobby for passing the Bill of Equal Opportunities as a separate legislative measure. The draft was approved by the government and by a number of committees in the

Bulgarian parliament. Despite certain ideological and terminological discords, this new draft of the Bill of Equal Opportunities could be interpreted as a demonstration of an increasing awareness among politicians, administrators and society for the questions of equal treatment of men and women.

Attitudes to Gender Equality Policies in Society: Harmony Achieved Already

In order to get a clear picture of the specific impact of newly introduced gender equality measures and the term 'gender', researchers return to the pre-'89 period and the socialist constitution from 1947 which proclaimed full equal rights to both men and women in Bulgaria. The socialist regime did introduce measures guaranteeing gender equality and did devote numerous documents to the claim that gender equality issues had been adequately addressed and successfully resolved. However, the paralysis of grassroots initiatives, which characterized the period as a whole, had its specific history in the case of women and foreclosed adequate discussion and awareness of gender issues. This paralysis predetermined the two major problems relating to the pre-89 situation as far as gender equality was concerned. First, the implementation and the actual outcome of existing legislature were hardly discussed. The reasons for its failure rarely, if ever, came into focus. Secondly, there was hardly any real concern regarding the resilience of traditional ideas about gender which clashed with official measures and ideology. The lack of grassroots feminist activism during the socialist period resulted in a general suspicion of feminist practices dismissed as bourgeois and inadequate to the 'factual equality' achieved.

Disharmonies and Transitions

After the fall of the Iron Curtain the attitude of resistance to feminism remained also because the experience of East European women was a 'discord' to the strategies of achieving gender equality in the West. That 'discord' created difficulties in the introduction of European political mechanisms that regulate gender equality politics and policies. Many researchers speak of the so-called 'paradox of (anti)feminism' in East Europe (Laliotou 2007, Nikolchina 2005). This paradox is defined by two main elements: First, the realization that the political transition has in many respects led to the deterioration of conditions in women's lives in the East (rising unemployment, the cutbacks on social services, the masculinization of property, state intervention in reproductive practices, etc.); and secondly, the great apprehension felt by women in the East about uncritically embracing feminism as an emblematic force of democratization (Watson 2000).

This specific perception can explain the comparatively slow introduction of gender equality legislature and institutions after the fall of the Iron Curtain. The slowness was largely a consequence of the conviction that the infrastructure inherited from the communist regime had been sufficiently effective to produce a situation for women, which was comparable to that in EU countries. The fact that this infrastructure was falling apart in the first years of the transition to democracy, and that it had never functioned properly to begin with, was frequently ignored by politicians, researchers, and the public at large. In such a climate of apprehension to the Western type of feminist rhetoric and of economic and political crisis during the 1990s, there was a lack of conviction that gender equality measures should be introduced, implemented and controlled. Therefore even in the period of pre-accession to the EU, when there was strong political will to fulfil all requirements to become a full member of the EU, the issues concerning gender inequality were not regarded separately but as an aspect of other more powerful and financially strategic discourses such as discrimination, trafficking or violence. Undoubtedly, Bulgaria needed urgent measures to support and protect minors and enslaved or violated persons. Yet, the so-called 'period of transition' added to the economically weaker status of women, the rebirth of patriarchal stereotypes and further feminization of certain professions, to mention but a few consequences. On the one side of the coin there was harmonious insistence by both governmental and non-governmental players and researchers that Bulgaria had implemented the European directives concerning equality, non-discrimination and human rights. But as a discord on the other side, the public and the politicians were hardly aware of issues such as the 'glass ceiling', hidden unemployment or gender pay gap, etc.

Another factor which might explain the resistance to introduce gender equality legislation was the powerful presence of individual women in Bulgarian political and public life and the steady growth of women's representation in different levels of government. From 2001 to 2007 (two national assemblies, two governments) the percentage of women in Parliament has been relatively high in East European comparison – (2001-2004: 26.35%, 2005-2007: 21.25%). The situation is similar as far as women in the government are concerned: from 2003 to 2005 the percentage was 29.4%, from 2005 to 2007 21%. Perhaps these numbers are a result of the gender equality measures that had to be taken throughout the period of accession. However, the number of women in politics does not necessarily indicate commitment for gender equality policies. A good example is the traditional loyalty to the patriarchal figure of the king. 'The Women's Party' played a decisive role in the 2001 election, leading to the forming of the new government of Simeon Sakscoburggotski. However, statements made by the Women's Party leader suggest she and her party colleagues do not actively support the Bill of Equal Opportunities which was not approved at the time (2003). And even if high in number, women working in governing bodies or administration, and also in the field of education (Sretenova 2006) occupy lower ranks in the institutional hierarchy. A research done as part of the 2003

Report of the National Centre for Research of the Public Opinion (NCIOM) in 2003[1] shows the preference for men being promoted when it comes to "unique" positions (mayor, president) while women seem to be highly preferred in collective bodies like the parliament, administration, or the city council.

Legal Framework and Examples

Having discussed the climate that existed around the introduction of specific gender equality policies in Bulgaria during the years before the accession to the EU, the legal documents that tend to include the gender dimension and have already some impact on the society should also be mentioned: The Law of Protection from Discrimination (January 2004), the Combating Trafficking in Human Beings Act (May 2003), the Law of Protection against Domestic Violence (March 2005).

The ratification and promulgation of the Law of Protection from Discrimination can be qualified as a major step towards enhancing equal treatment of men and women in society. It is harmonized to a great extend with international documents, EU directives on equal treatment of men and women in the labour market, payment, professional education, etc. The law clarifies terms such as direct and indirect discrimination, the general framework for 'positive' discrimination and the burden of proof in cases of gender discrimination. The body, which regulates and controls the measures preventing discrimination, is the National Commission for Defence Against Discrimination. It is an independent state commission that has been functioning for three years and has given opinion on several cases of discrimination that included a gender dimension. Before giving examples for the impact of this law on the society I would like to clarify certain discords in this new law.

The law produced tensions among politicians and NGOs which lobbied for the creation of a separate Bill of Equal Opportunities because it was regarded as a sign of reducing the issue of gender equality to anti-discrimination. Some critics refer to certain terminological uncertainties (that echoed the ongoing debate on the title of the newly proposed Bill of Equal Opportunity), whether it is about sexual discrimination, or gender-based discrimination, whether the law should guarantee 'equal treatment', or 'equality'. Other critics discuss the essential difference between discrimination based on gender and all other types of discrimination that stem from minority positions or lack of privileges. Then there are disagreements connected with the vague definition of 'indirect discrimination' that did not include the practice of clientelism which is common among employers. Caution stems from the fact that the law did not include any article on discrimination in advertising and the media, especially in job advertisements in newspapers. Last but not least it was criticised that a

1 http://www.parliament.bg/nciom/

mandatory 40% quota in governing bodies of the less represented gender which existed in the draft version of the law, had been omitted in the final version.

Regarding the impact of the Law against Discrimination so far, it can be observed that there has been a number of famous cases in which gender was an issue. The cases were usually more complex including more than one basis for discrimination – gender and ethnicity, or homosexuality and education. The cases I would like to mention here are related to the field of education. This can be discussed from two different angles. The gender dimension is usually connected to the stereotypes of femininity and masculinity which often seem to be confirmed by educational institutions, such as universities which accept applications from students based on a quota principle. However, when ethnicity and gender are both a basis for discrimination, then the policy of secular education in Bulgaria seems to oppose traditional religious attitudes and any kind of uniformity.

An example of the gender dimension in the field of education is the quota system for enrolling at Bulgarian universities. In 2006 the Technical University in Sofia was sued for having quotas and was required to abolish them. There are traditionally less women than men in the field of engineering and much was done during Socialism for giving women the opportunity to become engineers. The quotas for female students at the Technical University are perhaps a remnant of the former state educational policies. On the other hand, the legal department of Sofia University defended the quota system in Humanities after the university had been accused of limiting women's chances to enrol in certain disciplines in Humanities. Sofia University was accused for discriminating women by "The Association for European Integration and Human Rights" who argued that quotas in Humanities create difficulties for female applicants, among whom the competition is bigger than among male applicants. The counter-argument of Sofia University's legal department was that the number of male and female students enrolled in every discipline depends on the 'character of the discipline' and the personal qualities of each applicant. It claims that each discipline fits differently to men and women, depending on the peculiarity of the subject. At the same time the university argues that by having these quotas they prevent an unbalanced gender ratio between the students in one discipline. This argument tends to reaffirm stereotypes. However, the problematic feminisation of certain professions cannot be resolved by applying another discriminatory practice, by applying quotas based on gender.

A recent example in which gender and ethnicity were interconnected was the case of two female Muslim pupils who insisted on wearing headscarves and traditional clothes at a Bulgarian school in Smolyan. In view of the widely covered debate in France, the Bulgarian case received a lot of media attention. Yet, this case, in which an ethnic conflict led to the victimization of two female students, was resolved by sanctions under the anti-discrimination law for all actors in the conflict. The association which issued the complaints in the name of the girls was sanctioned for 'instigation of discrimination', the school for discriminating the other students by allowing those girls not to wear the uniform of the school. Finally, the Ministry of Education was also sanctioned for not foreseeing the consequences of introducing school uniforms and for unequal treatment.

So far, despite the inherent discords, the Anti-Discrimination Law seems to cater to the needs of certain social groups to defend their rights for equal treatment. Most complaints of being discriminated concern the fields of education and the workplace. Nevertheless, the limitations of the Law regarding definitions and forms of discrimination do require a future harmonization with EU regulations and the implementation of a special law on equal opportunities, which will define the state policies in the field and sanction discrimination based on gender in qualitative terms (gender inequality) and quantitative terms (unbalanced representation of men and women).

In the following part I will briefly describe harmonies and discords that followed the implementation of two other important laws connected with a more general European gender equality policy – the Combating Trafficking in Human Beings Act and the Law for Prevention of and Protection from Domestic Violence. The Combating Trafficking in Human Beings Act was approved in May 2003. Due to the united efforts of national experts and to the readiness of international bodies to provide information on the latest interpretations of the basic concepts concerning trafficking on an international scale, the Bulgarian Act has adopted a victim-oriented approach, focusing on the restoration and protection of the trafficked person's human rights.

It comprised the setting up of a national counter-trafficking commission, temporary shelters and the creation of the National Action Plan for Combating Trafficking. The National Committee for Combating Trafficking in Human Beings was established in December 2004. On 26 January 2005 the government approved the National Action Plan which identifies future steps in combating trafficking in persons in Bulgaria. It focuses not only on the prevention of trafficking but also on the creation of programmes for assisting victims of trafficking and training of experts in the field. On paper this law – acting as a special law to the Penalty Code – has been very successful in sending the traffickers to prison and in protecting the victims.

However, a recent change in the Penalty Code led to a huge public scandal connected to a hip-hop singer called Vanko I who was accused and found guilty on coercion to prostitution and trafficking in women. In October 2006 the Parliament unanimously accepted a change of article 155 which reduces the penalty for coercion to prostitution except for cases in which forced usage of drugs is involved. In practice a person who has been sent to prison sentenced for trafficking or coercion of prostitution now has to be released because the penalty has been reduced drastically. Having realized the impact of their amendment politicians in Parliament now speak of another change in the same article but until it becomes a fact not only Vanko I but a number of other criminals involved in trafficking can expect the most favourable verdict.

As for the Law on Prevention of and Protection from Domestic Violence, it was drafted and passed in quite a hurry before the EU accession, and the experts – police officers, psychologists and lawyers - claim that there are quite a few problematic areas in the text of the law. In addition, the new law is not known very well by the magistrates and the victims. Despite the fact that the law opened space for implementing secondary legislation establishing national programmes for protection from domestic violence, there remains one big problem: the lack of a mandatory annual budget for these national programmes which entail establishing local structures of the national committee, building shelters and contracting specialists who should provide medical or psychological help for victims. On paper these laws show a tendency of harmonisations with European gender policies, but in practice there are discords that require further steps.

There is a lot to be done not only in creating new laws but in correcting the old and main ones, such as the Family Code. There are significant changes in marriage rates and the status of children born in factual partnership that require urgent changes in this law. A simple fact is that 50% of the children born in 2005 were born to cohabiting but not married couples. The issue of the registered factual partnership has to be settled in order to regulate the relations between the partners and the status of the children born in partnerships between heterosexual partners. Another issue that relates to the smallest social unit, the family, is the legal establishment of ‚the marital contract' or the 'contract of factual family partnership'. Although proposals for such legal regulations and a number of other changes in the Family Code were made by the Ministry of Justice a year ago, the draft is far from becoming a law.

Despite financial problems there are structures in the governmental and the non-governmental sector that uphold different forms of activism to raise awareness for women's participation in politics and in the labour market, for better jobs and conditions of living. A recent research on unemployment said that the high rate of female unemployment in Bulgaria in the 1990s and at the beginning of the new millennium has gone down (1997: 15.3%, 2001: 18.3%, 2003: 6%, 2006: 8.7%) due to structural reforms and policies to encourage women's participation in the labour market (Stoyanova / Kirova 2004). In the past two years – since the current government has been in power – there has also been the will for restoring some social practices connected with the prolongation of paid maternal leave (the duration of paid maternity leave was raised from 135 to 315 days, the workplace is guaranteed on return and 90% of the average monthly salary received in the last 6 months before giving birth is paid).

Despite the difficulties establishing a specific law regulating gender equality policies certain regulating structures exist such as the National Council for Equality between Men and Women as part of the Council of Ministers in the Government. During one of the last meetings on implementing gender equality policies, the council's secretary – a representative of the Ministry for Labour and Social Affairs – shared the difficulties in convincing the administrative and political units of the necessity of a special focus on gender and women. The demand for changes in the above mentioned laws and documents has arrived at the political level, and caused quite a harmonious echo among the experts - women NGOs and researchers. There is the conviction that through educational practices and through the media the right messages of what gender equality actually means can reach the public. The difficulty is how to get the message clear without a discord?

References

Laliotou, Ioanna (2007), "I want to see the world": Mobility and Subjectivity in the European Context. In: Passerini, Luisa / Lyon, Dawn / Capussotti, Enrica / Laliotou, Joanna (eds.), Women Migrants from East to West. Gender, Mobility and Belonging in Contemporary Europe. Oxford: Berghahn Books.

Nikolchina, Miglena (2002), The Seminar: Mode d'emploi. Impure Spaces in the Light of Late Totalitarianism', differences, 15, 96-127.

Sretenova, Nikolina (2006), From Transition to Accession: Bulgarian R&D-Related Legislation from the Point of View of Gender-Balance and Age-Balance Issues. In: Mayr, Andrea / Gaidusek, Martin Felix / Polzer, Miroslav (eds.), Science Policy and Human Resources Development in South-Easern Europe in the Context of European Integration. Sofia: ASO-Sofia.

Stoyanova, Kapka / Kirova, Alla (2004), Social and Economic Infrastructure and Measures for Gender Equality in Bulgaria. Sofia: Center for Women's Studies and Policies.

Watson, Peggy (2000), Rethinking Transition. Globalism, Gender and Class, International Feminist Journal of Politics, Summer, 2.

3

Frauen in der Politik

Slow Progress of Women's Representation in Politics on the "Sunny Side of the Alps"

Milica Antić Gaber

1. Introduction

There are two main ways to deal with the question of women's representation in politics: relying on the notion of descriptive representation in the sense that the number and proportions of women in representative bodies is an important issue and discussing the reasons why their proportion is still low; or — based on the understanding of the substantive representation — exploring the question whether women make a difference once they enter into politics (do they act on behalf and for women, does their politics differ from the one by male politicians, etc.). I would like to argue that these two approaches, despite being different, are not mutually exclusive; they are both important and productive; they both matter.

According to the mentioned analytical approaches this article will in the first part concentrate on the question of descriptive representation, especially on the problem of the low level of women's representation in politics in Slovenia and on the obstacles in their path to political power. The second part of the article will deal with the question of how women (once they take an active part in politics) perform their role as politicians. The aim of the first part is to explore the different elements that have an impact on women's prospects to be elected to the Slovene National Assembly (NA) in bigger numbers like socio-economic factors, political culture, electoral system, party system etc. The second part will concentrate on the way in which women do politics in parliament and show that it differs from the ways men act in the same setting. The conclusions in the first part will be drawn from the quantitative and qualitative research I have done in the last couple of years and in the second part they will be drawn from interviews with male and female Members of Parliament (MPs) in the previous parliamentary term when the share of women MPs was 13 percent. Finally, I would like to present how these two perspectives (descriptive and substantive representation) are interconnected and valid for this discussion.

1.1. The State of Affairs of Women's Place in Slovene Society

Slovenia's recent EU membership is widely regarded as a success story but this, at a closer look, is mostly true for the economic sphere and the integration into Europe. The transition from state to market economy, privatisation, economic stability, and the introduction of the Euro as the first among Eastern European countries went smoothly. But there are other spheres. In the last couple of years citizens have lost some of their basic social rights available to them under socialism: job market stability (full employment), social security provided by the state, and an broad public health care system. The state has become less and less a welfare state.

The situation of women in Slovene society is complex and sometimes contradictory: on the one hand women are well educated (the share of women who acquire a university diploma has risen to about 60 percent in the last years vs. 40 percent for men).[1] But once they have finished their education these young women have the highest rate of unemployment (63.6% in 2004).[2] Women are usually fully employed (with hardly any part-time jobs) and their share among the workforce is 45.6 percent.[3] Yet, their salaries are still lower by 7.8 to 23.8 percent than those of men. 95 percent of women earn less than men at the same educational strata.[4] There is also a horizontal segmentation of the professions; the share of women is high in caring professions such as health care, social services, and education. To make the situation more complicated their share is also high in the law professions, among physicians and in journalism. But again women hardly ever occupy top positions in most sectors (the so-called vertical segmentation or the "glass ceiling effect"). Different social surveys show that women significantly do more work for the family and household than men do (women do 4.24 hours of domestic work, men just 2.24 hours).[5] But on the other hand, Slovene women are not housewives – they have both full-time jobs and almost full-time work at home. As a result one would expect their fair share in politics as well. But this is not the case in Slovenia.

The issue of women's representation in politics does not seem to be a burning issue for (many) politicians in Slovenia but women's under-representation was one of the issues that EU politicians brought up when visiting Slovenia. However, it has been an issue that has been widely explored and analysed by academics as well as by some advocates of gender equality in Slovenia in the last decade or so (Antić-Gaber, Bahovec, Jalušič, Jogan, Fink-Hafner, Krašovec, Kustec, Lokar, Kalčina, Office of Equal Opportunity).

This is not to say that women are not active in politics — on the contrary, they are present in party politics. But parties often do not respond to their demands and interests in the way they should. Women usually do not occupy high positions in politics (not even at the local level); they are under-represented in the national parliament and government and have not yet occupied the highest levels of political positions: the president of the state, the

1 See: Četrto periodično poročilo Republike Slovenije o uresničevanju določil Konvencije o odpravi vseh oblik diskriminacije žensk. Urad za enake možnosti, Vlada Republike Slovenije:Ljubljana.

2 Ibid.

3 See: http://www.stat.si/novica_prikazi.aspx?id=723, 15.5.2007.

4 See: Četrto periodično poročilo Republike Slovenije o uresničevanju določil Konvencije o odpravi vseh oblik diskriminacije žensk. Urad za enake možnosti Vlada Republike Slovenije:Ljubljana.

5 See: How is the time Europeans distributed?, http://www.lex.unict.it/eurolabor/-documentazione/altrestat/eurostat270704.pdf, 15.5.2007.

prime minister, or the speaker of the parliament. Only for one term a woman was president of the Constitutional Court. Until now no woman has ever occupied the position as head of a parliamentary political party.

In this article I will discuss women's share in the National Parliament (National Assembly – NA), compare it with other countries and ask why it is still so low. Comparing Slovenia to similar countries, namely with previous socialist countries which are now members of the EU, these are the figures for the share of women in the national parliaments: Bulgaria (22.1), Poland (20.4), Slovakia (20.0), Czech Republic (15.5), Slovenia (12.2), Romania (11.2), and Hungary (10.4).[6] Data for the representation of women in parliaments in these countries show that Slovenia is not a success story as far as this aspect is concerned.

Even other Slovene data (local level: mayors, local councillors, local governments), which show the presence of women in politics at other levels, show that their share in politics is low. The share of elected female councillors is 21.7%[7] after the last election, the share of female mayors is even lower (7 out of 210) or 3.3%[8], and in the national government there is only one female minister (5.9%)[9].

Why is this so? What are the reasons for the low level of women's representation in politics?

2. Descriptive Representation of Women and Obstacles on Their Way to Elective Office

Many questions – more than answers –, and many doubts – more than convictions – come up when discussing the question of the representation of women. Which form of representation is the right one? Why should we talk about women, do we really want to be represented only by women? What about men? Is the share of female politicians in representative bodies really an important question? I will not go into further discussion here, instead I would only like to point out that I support the argument that there is no need that one group's voice is heard if this group is not part of the debate (Mill 1960, Mill 1977). I also support Phillip's (1995) arguments for the presence of women in politics and I. M. Young's (1989) argument that there is the question of group representation of women. It is therefore obvious that a greater presence of women in politics is needed; it is a problem if it is not achieved.

6 See: http://www.ipu.org/wmn-e/classif.htm, 16.5.2007.

7 See: http://www.uem.gov.si/si/delovna_podrocja/enake_moznosti_zensk_in_moskih/-politicno_odlocanje/lokalne_volitve_2006/, 15.5.2007.

8 It was 6% after the 2002 election, see: http://www.stat.si/novica_prikazi.aspx?id=850, 15.5.2007.

9 See: Četrto periodično poročilo Republike Slovenije o uresničevanju določil Konvencije o odpravi vseh oblik diskriminacije žensk. Urad za enake možnosti Vlada Republike Slovenije:Ljubljana.

Table 1
Women Deputies in the Slovene Parliament

Year of election	Number of women	% of women
1990	27	11.25
1992	12	12.3
1996	7	7.8
2000	12	13.3
2004	11/12*	12.2/13.3.*

Source: State Electoral Commission and Parliamentary Web pages.
* The number after the government was formed.

As we can see from the table above, the share of women MPs was 13 percent as early as in 1993 and after that has not exceeded that share at all; it even dropped in 1996 by 5 percent.

Why? What elements influenced this trend? What is the impact of the political culture, of system factors such as the electoral and the party system, and of current legal provisions?

2.1. Political Culture

Political culture is understood here as it was defined by Almond and Verba: "The term political culture refers to the specifically political orientation – attitudes toward the political system and its various parts, and attitudes toward the role of the self in the system. ... It is a set of orientations toward a special set of social objects and processes" (1965:12). Or as Kavanagh would say: "Political culture then may be seen as the overall distribution of citizens' orientation to political objects (parts of the political system as the executive, legislative and judiciary, the political parties and pressure groups), the individual's views of himself as a political actor, and his views of other citizens" (1972:10f).

What are the attitudes of the Slovene citizens toward the political system and its various parts (state, political parties, the value of gender equality, and "self" in this system)? The attitudes of the citizens towards the state have changed overwhelmingly in the last few decades. In socialist times, the citizens' demands and expectations from the state were high – one could say that they were in a way dependent on the state. In the mid-1980s this attitude started to change, organised groups started to demand rights: We demand a nation state, political plurality, free markets, de-militarization, protection of the environment, de facto gender equality, etc. In the last decade we moved toward more self-centred attitudes. This is the stage when one can witness the move from "we" to "I"; the goals are: freedom of choice, free media, better education, better access to public health care, etc. Therefore the citizens' attitudes moved from a rather passive to a more active phase, and from collective to more individual demands and expectations.

If the question of gender equality is discussed in this context, one can observe that the period of so-called state feminism (in the previous regime) has shifted to the phase of collective civil society activities in the 1980s, and on to the more institutionalised activities in the 1990s (when the Office for Women's Affairs in the government and the Parliamentary Committee for Equal Opportunity were established); finally, in the last years legislative initiatives of politically active women have been dominating. As in other areas, public attitudes towards gender equality moved from the notion "this should be guaranteed by the state" to "this should be secured by our own activities". It could also be seen from different public opinion surveys and party programmes that gender equality is not high on their political agenda (Antić in Ramet / Fink-Hafner 2006).

2.2. Political Parties

After almost two decades of a new political party system, one can see that the formative phase is not over yet. The characteristics of the Slovenian party system are the following:

a) The party system is still unstable: we are still witnessing the appearance of new parties (some of them are unusual, like the Youth Party/SMS); some small parties are still merging (like green parties and groups); conservative and traditional parties are still uniting; and recently the LDS which ruled for more than a decade fell apart.

b) There exists a relatively large number of parties: there are still between fifteen and twenty parties competing at elections; even more small parties are registered; and there are still several parties in parliament (seven in the current parliament despite the introduction of a four percent threshold for the 2000 election).

c) Parties are still male-dominated: party politics is still considered a man's job; party membership is predominantly male; data show that the participation of women in the important bodies of parties is not proportional to their membership share and this has also an impact on the parties' attitudes towards gender equality; in the leading positions there are hardly any women; finally, the smallest gap between female membership and their share at leading positions is among the parties of liberal and social-democratic provenience and the greens.

Party programmes in Slovenia are still preoccupied with so-called big issues – predominantly connected to economy and internal affairs. They do not devote much attention to so-called women's issues. Gender equality does not seem to be an issue to mobilise voters in the eyes of politicians (only small parties sometimes do).

Other important party characteristics to influence women's participation in politics are: a party's organisational structure, its ideology, formal rules, informal rules, women's activities, etc. (Norris / Lovenduski 1993). Parties to the left of the centre on the scale of ideological orientation (liberal, socialist, social-democrat and green) are somewhat more friendly to women entering politics than parties to the right of the centre. The first group of parties sees women more or less as equal partners to men (but most often does nothing or too little to make this real), while the second group most often sees the role of women in the private sphere. For them, when women appear in public their role is confined to deal with charity work or to help their male colleagues by working in the background. These parties also hardly support any special activities which could make it easier for women to have a career in politics.[10]

It is acknowledged by many researchers (Lovenduski / Norris 1993, Matland / Montgomery 2003, Jalušić / Antić 2001) that parties have a direct influence on women's chances to be elected: parties serve as gatekeepers and are therefore an important obstacle in women's way to parliament as the placing of candidates on the lists often depends on the party gatekeepers. Party electoral headquarters in Slovenia, for example, usually work — at least in the early stage of a campaign — in secrecy and only a few selected individuals are to the fore. For the national elections they usually first choose the candidates from four circles: The first and most powerful circle and the circle from which most of candidates are chosen consists of the high-profile party individuals like MPs, ministers, state secretaries, mayors, and among them women are rare (Antić 1999). Women are mostly newcomers (Antić / Ilonszki 2002) and parties do not do much to increase their opportunities; there is — as I stated in the title of my article — slow progress in this respect.

Table 2

Female candidates' share at the elections by parliamentary political parties

	1992 %	1996 %	2000 %	2004 %
LDS	9.3	13.6	25.3	28
ZLSD/SD	15.5	40.9	33.3	31
SDS	7.9	11.9	12.8	10.5
SKD/NSi	11.2	9.5	16.2	23
SLS	8.7	13.6	12.8	16.9
SNS	7	8.9	20.3	15.5
DeSU	-		17.0	22.4
Total	14.8	19	23.5	25.0

Source: Author's own calculation on the basis of the parties' candidate lists, Statistical Office data and data of the State Electoral Commission.

10 In 1996 an attempt – as a supra-party initiative – to introduce mechanisms for an easier entrance of women into politics in Slovenia failed precisely due to the opposition of women from the parties right of the centre. For more about quotas in Slovenia see: Antic / Gortnar 2004, Antic / Lokar 2006.

I agree with the finding that parties are no longer openly hostile to women's entrance into politics (Krašovec 2000); the women's share on the lists of candidates is evidently higher from one election to the next (which is also shown in table 2). Yet, this does not stem from a genuinely more friendly attitude towards women in politics but rather from the pressure of women's organisations inside some big parties (LDS, SD) before 2004, and from quotas built into the electoral law (like for the first European and local elections in 2006).

2.3. Electoral System

In addition to party gatekeepers the electoral system is often mentioned as an inhibiting factor for female representation. The Slovene electoral system is a variant of the proportional representation system[11]. From the perspective of women's electoral chances there is an important „deviance" from the „pure" PR (proportional representation) system that forces the Slovene political parties to behave like in a majoritarian one because they have to chose one candidate per voting unit. In each electoral constituency the parties submit 11 candidates but they are not presented as a list as in most PR systems, constituencies are rather divided into 11 voting units. Voters do not see the entire party list but choose a party through the choice of a single candidate put forward by the party in their voting unit. The votes given to candidates in each voting unit are aggregated in order to determine how many seats the list/party is entitled to receive in the given constituency. This practice was designed with the aim to limit 'partitocracy' and assure a MP-voter linkage, but it has some strange implications.

I agree that there is no ideal electoral system that will automatically serve women's interests but research strongly indicates that in most countries with PR systems women are better represented than in countries with majority systems (Rule 1994, Norris / Lovenduski 1993, Matland / Montgomery 2001). There are considerable differences among PR systems as well: women's chances are better in those with party lists (like in almost all the Nordic countries where the women's share in politics is the highest). Women's electoral chances in Slovenia could be wider if the parliament would abolish voting units; this would result in using party lists in each of the eight constituencies, and, by extrapolation from countries where this system exists, probably more women would be in parliament.

11 For more information about the Slovene electoral system see Grad 1997, Gaber (ed.) 1996.

2.4. Special Measures or Strategies (Quotas) Which Could Help to Have More Women Elected to Parliament

I'm finishing this part of the article in accordance with the beginning: I strongly believe that numbers matter, and that women's low representation in politics is a problem for democracy, for women's lives, for gender policies, etc. Even if there is a disagreement on the share of women which can bring a difference to politics, I believe that there must be a certain non-trivial share of women: in short, not only few but many. We can disagree with the concept of the critical mass (Kanter 1977, Dahlerup 1988) or on the question how many (15, 25 or 30 percent) is enough to introduce changes (Dahlerup 2006) in politics; in the way in which they can transform the political rules or achieve different result: If more women in politics lead to more women-friendly policies is still open for discussion and further debates.

It was proved by many researchers that quotas are an effective mechanism to bring more women into politics (Dahlerup 2006). Even if there are no strict quotas but targets as in some Nordic countries it can be helpful. In Slovenia quotas had a negative connotation throughout the 1990s since they were mostly connected to the previous regime in which some kind of quotas existed; but critics and opponents fail to see that the political situation was very different from the one right now. When the 40 percent quota was adopted for elections to the European Parliament, the result was that Slovenia had 42 percent of women among its MEPs in 2004. The latest result from the local election was similar: a 40 percent quota was adopted for the local elections, starting with a share of 20 percent in the 2006 election that will increase at each election by 5 percent until reaching 40 percent.

In the 1990s parties were more or less reluctant to set any kind of special measures. Indeed, one could hardly find public opponents to the need for more women in politics, but disagreement about the way how this can be achieved was and still is huge between the parties and sometimes within the parties as well. LDS and ZLSD/DS were pioneers in this respect: they were the first ones to introduce inter-party quotas for party collective bodies, and after that, quotas for parliamentary elections.

Quotas are an effective measure which can help to bring more women into parliament but whether only their larger number alone can change politics towards becoming more women-friendly or gender sensitive is a different question. But this does not mean that we have to reject the need for a higher representation of women in parliament. Moreover, in my research on Slovenia I found out that there is no doubt that quotas influence party attitudes and party policies on women at least indirectly. One can assume that parties, once quotas are accepted, have to support the promotion of women – would-be candidates must support them and important party politicians have to work with them. This will likely have an impact on the parties' attitude towards women in politics.

3. What Do Women Do Once Elected? How Do They Do Politics? Do They Stand up for Women's Issues?[12]

3.1. Where Are They Positioned in Parliament?

The Slovene Parliament consists of the National Assembly (NA) and the National Council (NC). The National Council is the upper house which represents social, economic, and local interests and has forty representatives. The NA consists of ninety deputies elected by the citizens of Slovenia who are not, according to the Constitution, bound by any instructions.

The rule "the bigger the concentration of the political power, the smaller the number of women involved in politics" is seemingly still correct. Women have never held the position of the President of the National Assembly; this position was reserved for (male) politicians from the strongest political party. The highest position achieved by a female MP was that of a vice-chair. During the last two terms this position was twice occupied by female MPs from the ruling coalition, but in the current term, all of them are men. A similar situation prevails in parliamentary groups: no female MP has ever been the leader of a parliamentary group. Women are hardly found in the position of the chair of a parliamentary committee if they hold any position then it is a that of a vice-chair.

Once they are elected many female MPs choose to work in the committees that deal with traditionally gender sensitive areas (professional segmentation or segregation): the Committee for Health, Labour, Family, Social Policy and the Disabled, and the Committee for Culture, Education, Youth, Science and Sports.

3.2. What Is the MPs' View on Women in Politics?

In the interviews we conducted with all women MPs and a corresponding number of male MPs from the same party parliamentary groups (twenty-four interviews in total; social characteristics as age, education, profession were similar to those of the NA) we asked the MPs about their opinions on women in politics. There is a high degree of consensus among Slovene MPs (almost 90 percent) that there should be more women in politics, and, even more important, all female MPs think that the current status represents a problem. The differences between deputies who belong to different political parties come to the surface when the question turns to the methods, tools and actors

12 The second part of this article is based on the research done in the Slovene Parliament during the last two terms. The research includes quantitative (statistical data gathered by the Parliament and by the research team) and qualitative (interviews with 13 female and the same number of male MPs) approaches and was done as a comparative research in the Slovene and in the Hungarian Parliament. For more see: Antic and Ilonszki (2003).

needed to address this problem, and whether special measures (including quotas) are needed. These different opinions appear among women as well: two thirds of women deputies would support special measures (from the left-wing parties), and one third would rather not (mostly from the right-wing parties). For the last group, quotas have negative connotations, and they generally understand quotas as a means to force women to enter politics and not as a means with which female candidates would only have equal chances to stand for election. One of the deputies, for example, said that he would support quotas only if the woman herself decides to enter politics, if she is not pushed or forced to do it. Similarly, 60 percent of males would support them, and the rest would not. But even in the left-wing parties MPs do not share the same opinion. Opponents of using special measures to ensure greater participation of women in politics can be found among both women and men on both sides of the ideological spectrum. These differences are greatest among the MPs of the parties to the right of the centre.

3.3. What Do They Focus on?

The quantitative analysis of their speeches in parliament during the last two terms points out that female MPs most frequently discussed issues like labour, family, and social matters, followed by health care issues and culture. The least frequently discussed areas were defence and international relations. When MPs were asked about their legislative priorities and about their successful work in parliament we found a clear-cut difference between male and female MPs. Female MPs primarily list laws and issues connected with questions on gender equality (the law on equal opportunity, changes in the constitution for equal gender representation, greater gender sensitivity in the use of language) among their successes while the men's answers were more diverse. Male deputies, for example, never mentioned matters related to gender equality. Male and female deputies thus have different policy priorities; female MPs clearly pay more attention to gender sensitive issues.

3.4. How and with Whom Do They Co-operate?

Cross-party connections and discussions on the part of female deputies were influenced by their small number in parliament. The fact that female representatives constitute only 13 percent of the MPs affected and characterised their legislative work, as well as the links between female representatives, and their joint actions. In the last two terms women were hardly represented in parliamentary groups, let alone in the National Assembly. The overall impression is still that of individuals not working in a concerted effort. Female deputies work primarily within the party group and have little opportunity to work with other women. Our study did not find cross-party connections between women. Allegiance to the party, its ideology, and its politics is an important factor in female deputies' work (at times a constraining one), and it has an impact on their preferences and the decisions they make. Female parliamentarians have not yet formed a group, at least not officially, and only half of them support women's networking within parliament.

Female deputies' networking outside parliament with women's organizations and associations is also low. Only half of the female MPs are members of any women's group. It is most often women from the left-wing parties who state that they are members of their parties' women's groups or of cross party coalitions. These groups serve primarily as discussion or consultation groups rather than as pressure groups.

3.5. What Are Their Policy Priorities?

From the areas women cover in parliament and from the speeches they gave in the Slovene Parliament it can be assumed that women are more sensitive to certain policy areas and more interested in them. Therefore an attempt should be made to find out more precisely how they see these policy fields. MPs were asked to mark their most important policy priorities which were divided into two groups, gender sensitive and non-gender sensitive policy fields. The following areas were considered gender sensitive: social issues, employment, human rights, cultural issues, education, health care, gender issues, environmental issues. All other fields were regarded as not related to gender. There is a clear-cut difference among Slovene male and female MPs. Female MPs' priorities are concentrated on laws and issues connected with questions of gender equality (law on equal opportunity, changes of the constitution for equal gender representation, gender sensitive use of language) while male MPs' answers are more diverse.

It can therefore be concluded that women's engagement, once they are elected, goes in a different direction than men's, and they are far more gender sensitive than men. What can they do to change the policy priorities, to accept new or amend existing laws, when they form only a "small minority"? Little or nothing – in the end their number is important and if they cannot get support from the others they can only make small steps.

4. Conclusion

After the vast political changes in Slovenia at the beginning of the 1990s, when a significant drop in the representation of women in politics in this country has been witnessed, one can now see some positive changes with respect to women's representation in politics, or, more precisely, in the descriptive representation of women. There is now a greater awareness of the importance of this question among male and female politicians on both sides of the political spectrum although on the left and among women the awareness is higher.

At each election political parties put forward more women to their electoral lists for the local, national and European elections but this is mostly due to the big push before the first European election in 2004 when the 40 percent quota (and a variation of the zip list) was introduced in the law on European elections. This had not been possible before the change of the Constitution in which the legal basis for this change was adopted. After the huge success at this election (42 percent female MPs) the quotas were adopted for local and national elections as well. After this regulation has brought success at the local election (where the number of elected female local councillors almost doubled) similar improvements of women's representation after the national election in 2008 are expected.

On the question of women's substantive representation I can only say that Slovene female MPs are doing their job of representing women in the parliament quite successfully despite the fact that they still constitute a "small minority" (Dahlerup 1988) inside their own parties as well as in parliament as a whole. Their gender sensitivity is visible in their use of language, in the areas of their chosen work in the parliamentary bodies, in the reported and analysed legislative priorities in their reported successful legislative proposals, and, last but not least, in their way of working (more team work, more connections with civil society organisations, women's groups, and experts). But because they are still a "small minority" they can not do much when it comes to win votes. This is the reason why some of their proposals have not become law.

I could therefore conclude that the impact of female representatives in the Slovene parliament is visible and recognisable to one who follows and analyses their work carefully but not to one who only observes it through the media. In the media female politicians are still not as present as they would deserve to be and journalists (male and female) in Slovenia do not promote women in politics as it is the case in some other countries.

References

Almond, Gabriel / Verba, Sidney (1965), The Civic Culture: Political Attitudes and Democracy in Five Nations. Boston: Little, Brown & Co.

Antić, Milica Gaber / Gortnar, Maruša (2004), Gender quotas in Slovenia: A short analysis of failures and hopes. European political science, 3 (3): 73-79.

Antić, Milica Gaber / Ilonszki, Gabriella (2003), Women in parliamentary politics : Hungarian and Slovene cases compared. Ljubljana: Peace Institute.

Antić, Milica Gaber / Ilonszki, Gabriella (2004), Women in Parliamentary Politics. Hungarian and Slovene Cases Compared, Ljubljana: Peace Institute.

Antić, Milica Gaber (2006), Equality in Slovenia: Continuity and Changes in the 1990s. In: Ramet, Sabrina P. / Fink-Hafner, Danica (eds.), Democratic transition in Slovenia, College Station: Texas A&M University Press.

Dahlerup, Drude (1988), From Small to Large Minority: Women in Scandinavian Politics. Scandinavian Political Studies, 11 (4):275-298.

Dahlerup, Drude (2006), Women, quotas and politics, (Routledge research in comparative politics, 10). London, New York: Routledge.

Gaber, Slavko (ed.) (1996), Volilni sistemi, Ljubljana:Krtina.

Grad, Franc (1997), Volitve in volilni sistemi. Ljubljana:Inštitut za javno upravo.

Jalušič, Vlasta / Antić, Milica Gaber (2001), Women – Politics – Equal Opportunities, Prospects for Gender Equality Politics in Central and Eastern Europe. Ljubljana: Peace Institute.

Kanter, Rosabeth M. (1977), Men and Women in Corporation, New York: Basic Books.

Kavanagh, Dennis (1972), Political Culture. London: MacMillan.

Krašovec, Alenka (2000), Moč v političnih strankah: odnosi med parlamentarnimi in centralnimi deli političnih strank. Ljubljana : Fakulteta za družbene vede.

Matland, Richard F. / Montgomery, Kathleen A. (eds.) (2003), Women's Access to Political Power in Post-Communist Europe. Oxford: Oxford University Press

Mill, John S. (1960), Considerations on Representative Government. London: Oxford University Press.

Mill, John S. (1977), Rationale of Representation. Collected Works. Vol. XVIII. Toronto: Toronto University Press.

Norris, Pippa / Lovenduski, Joni (1993), Gender and Party Politics, London: Sage.

Phillips, Ann (1995), The Politics of Presence. Oxford: Clarendon Press.

Rule, Wilma (1994), "Women's Underrepresentation and Electoral System". In: Political Science and Politics, 27, 689-692.

Thomas, Sue (1994), How women legislate. Oxford: University Press.

Young, Iris M. (1990), Justice and the Politics of Difference. Princeton: Princeton University Press.

4

Vereinbarkeit von Beruf und Familie

Vereinbarkeit von Beruf und Kindern für Französinnen mit niedriger Qualifikation und geringen Einkünften Fallstudie in der Region Ile-de-France

Gwenaëlle Perrier

Betrachtet man die Beschäftigungsquoten von Frauen und die Geburtenrate in Europa so scheint es auf den ersten Blick, als ob französische Mütter nicht zwischen Beruf und Familie wählen müssten. Dies sollte jedoch differenziert betrachtet werden. Erstens haben empirische Studien gezeigt, dass die bestehenden Ungleichheiten zwischen männlichen und weiblichen Berufsverläufen im Zusammenhang mit einer bestehenden traditionellen Rollenverteilung in der Privatsphäre stehen (Fagnani/Letablier 2001, Perraudin/Pucci 2006). Zweitens wirken sich die Sparmaßnahmen in Europa auf die Sozialausgaben aus, was die öffentliche Kinderbetreuung gefährdet (Rossilli 1997, Salles 2006).

In dieser Hinsicht muss man sich fragen, inwieweit Frankreich wirklich ein Musterbeispiel für die Vereinbarkeit von Beruf und Familie ist.

In diesem Beitrag geht es darum, die Situation von arbeitslosen Müttern hinsichtlich ihres Bedarfs an Maßnahmen zur Vereinbarkeit von Beruf und Familie zu betrachten, da sie von den finanziellen Kürzungen in der Kinderbetreuung besonders betroffen sind. Es stellt sich also die Frage: Wird es in Frankreich allen Frauen ermöglicht, Beruf und Familie zu vereinbaren?

Zur Beantwortung dieser Frage konzentriere ich mich auf eine lokale Fallstudie, die die Problematik der Vereinbarkeit von Beruf und Familie im Rahmen der Umsetzung eines Arbeitsmarktprogramms erforscht. Welche Mittel stehen den Arbeitsmarkt- und Sozialakteuren/innen zur Verfügung, um die Eingliederung von arbeitslosen Frauen in die Arbeitswelt zu ermöglichen? Haben Frauen in diesen Programmen gleiche Chancen wie Männer eine berufliche Integration zu erzielen, oder bleibt die Kinderbetreuung eine Hürde auf dem Weg zur Gleichstellung in der Arbeitswelt?

Die Grundzüge von Vereinbarkeit von Beruf und Familie in Frankreich

Das französische „Modell"

Frankreich gilt in unterschiedlichen Studien als ein Land, das es Frauen ermöglicht, Beruf und Familie zu vereinbaren (Hantrais 2000, Maruani 2003, Fagnani 2002).

Verschiedene Indikatoren sind in dieser Hinsicht relevant:

- die im Vergleich zum europäischen Durchschnitt höhere Beschäftigungsquote von Müttern mit einem oder zwei Kindern (circa 84 % bzw. 75% im Jahre 2000) (Maruani 2003:16),
- der etwas geringere Anteil an Teilzeit arbeitenden Französinnen (31% im Jahr 2000 in Frankreich gegenüber 34% auf europäischer Ebene) und die Tatsache, dass die Mehrheit von Teilzeitstellen von Frauen unter 25 bzw. über 50 Jahren besetzt wird, also kaum von Müttern mit kleinen Kindern (Maruani 2003:80) sowie
- schließlich die hohe Geburtenrate: sie lag im Jahr 2004 bei 1,9%, der europäische Durchschnitt bei 1,5% (Eurostat 2006).

Diese Indikatoren führen zur Annahme, dass Französinnen nicht zwischen Beruf und Familie wählen müssen.

Soziologische Studien, die diese Situation zu erklären versuchen, unterstreichen den Zusammenhang von Vereinbarkeit von Beruf und Familie mit der Familienpolitik: In Frankreich greift der Staat stark in die Erziehung der Kleinkinder ein, so dass die Kinder tatsächlich zum größten Teil in staatlich geführten Einrichtungen betreut werden:

Ab drei Jahren (in Ausnahmefällen bereits ab zwei Jahren) können alle Kinder kostenlos die *école maternelle* besuchen, eine Schule für Kleinkinder, in der Ganztagsbetreuung angeboten wird. Dieses System entlastet die Eltern, vor allem aber die Mütter, von der Betreuung der Kinder (Fagnani/Letablier 2001, Hantrais/Letablier 1995). Obwohl die *école maternelle* keine obligatorische Schule ist, wird sie von 99% der Kinder im Alter von drei bis sechs Jahren besucht (Letablier/Rieucau 2001:21). Die Betreuung wird bis mindestens 16.30 Uhr garantiert. Das System der *halte-garderies* (eine kollektive Betreuungsform mit flexiblen Betreuungszeiten) ermöglicht die Betreuung der Kinder zu verlängern.

Daneben hat der Staat aber auch familienpolitische Maßnahmen für Kleinkinder entwickelt, die die Betreuung im häuslichen Umfeld unterstützen: Kleinkinder können entweder in einer öffentlichen Krippe (die meistens zehn bis zwölf Stunden am Tag geöffnet hat) oder von einer privaten, vom Staat anerkannten Pflegemutter oder einer Hausangestellten betreut werden.

Diese aktive Familienpolitik lässt sich zum großen Teil durch den Einfluss des sogenannten „Familialismus" erklären (Commaille/Strobel/Villac 2002: 21-25): Die Familie soll als zentrale Institution der Gesellschaft unterstützt werden. In Frankreich ist die Kinderbetreuung keine rein individuelle, sondern eine kollektive Angelegenheit.[1] Dieser Wille zur Unterstützung von Familien hat dazu geführt, dass der Staat in die Privatsphäre eingreift. Dadurch werden Frauen teilweise von der Kinderbetreuung befreit, was den Zugang zum Arbeitsmarkt erleichtert, auch wenn angemerkt werden muss, dass der Fokus

---

1 So erklären Letablier (2001) und Jönsson (2005), wie Kinder in der republikanischen Tradition nicht als reine private Sache angesehen werden, sondern als Teil des Kollektivs.

auf der Unterstützung der „Familie" und nicht der „Frauen" liegt (Revillard 2006).

Trend zur Privatisierung der Kinderbetreuung?

Dies bedeutet jedoch nicht, dass die Vereinbarkeit von Beruf und Familie in Frankreich kein Thema mehr ist. In erster Linie ist die öffentliche Kinderbetreuung durch die in allen europäischen Ländern diskutierten und teilweise schon umgesetzten Sparmaßnahmen bei den Sozialausgaben bedroht (Rossilli 1997).

Krippen werden vom Staat (durch die CNAF[2]), von den Kommunen (sie bezahlen einen fixen Betrag pro Kind und Tag) (Fagnani 2001:110) und von den Eltern (je nach Einkommen) bezahlt. Sie sind die kostspieligsten Betreuungsformen für den Staat und nehmen elf Prozent der Kleinkinder auf[3], benötigen aber 15% der gesamten staatlichen Ausgaben für Familien (Salles 2005:7). Derzeit werden in Frankreich von den circa zwei Millionen Kleinkindern nur etwa 200.000 in Kinderkrippen betreut. Daneben werden auch andere Betreuungsformen gefördert, und zwar durch eine staatliche Beihilfe für Eltern, die ihre Kinder von einer vom Staat anerkannten Tagesmutter oder einer Hausangestellten betreuen lassen. Dennoch können sich viele Familien trotz der finanziellen Unterstützung keine Tagesmütter oder Hausangestellten leisten. Sie sind oft zu teuer, vor allem für Familien, die aufgrund ihrer geringen Einkünfte nicht steuerpflichtig sind und deswegen keine Steuerentschädigung bekommen (Fagnani 2001:111), wenn sie eine Tagesmutter beschäftigen.

Vor allem in ländlichen Gebieten fehlt es eklatant an Kindertagesstätten; hier werden nur drei Prozent der Kinder außer Haus betreut (Salles 2005:5, Fagnani 2001:110). Die Hauptstadt Paris sowie die umliegenden Vororte, die eine sehr hohe Bevölkerungsdichte aufweisen, sind hingegen relativ gut versorgt (Fagnani 2001:110). Aber sogar dort stoßen Eltern auf Schwierigkeiten. So wird in Seine-Saint-Denis[4] nur jedes achte Kind in einer Krippe betreut.[5]

Die aktuellen Entwicklungen in der Betreuungspolitik belegen den Sparkurs. Zwar forcierte die vorherige konservative Regierung eine aktive Familienpolitik, dennoch begünstigt diese Politik vor allem Familien mit höheren Einkünften, indem sie Familien ermutigt, zu privaten Betreuungs-

---

2 Caisse Nationale d'Allocations Familiales: Verwaltungsbehörde für Familienangelegenheiten.

3 Die anderen werden von einer Tagesmutter, einer Hausangestellten oder einem Mitglied der Familie betreut, siehe Salles, 2005, S. 5.

4 Das von mir untersuchte Département befindet sich nordöstlich von Paris und hat ungefähr eine Million Einwohner/innen.

5 So werden 10.625 Krippenplätze im Département angeboten, während die Zahl der Kinder unter drei Jahren für 2005 auf 78.494 geschätzt wird.

formen zu greifen, die die kostspieligsten Formen der Kinderbetreuung für die Familien darstellen.

Anne Salles (2006) weist in ihrem Beitrag zur französischen Familienpolitik auf diese Entwicklung hin: Die staatlichen Beihilfen für die Beschäftigung einer Tagesmutter oder einer Hausangestellten wurden aufgewertet, dafür wurden in den letzten Jahren nur wenige Krippen gebaut: Der Gesamtbetrag des im Jahre 2000 eingeführten Investitionsfonds für Kleinkinder[6] wurde 2004 um fast 15% gesenkt, so Anne Salles. Tatsächlich werden Krippen in Frankreich nur wenig ausgebaut. Seit 2002 wurden nur 26.000 zusätzliche Plätze geschaffen, was etwa einem Prozent der Kinder in dieser Altersstufe entspricht (Fagnani 2001:110).

Soziologinnen (Fagnani 2001:110, Salles 2005:4) haben betont, dass die gewählte Betreuungsform weitgehend von den finanziellen Möglichkeiten der privaten Haushalte abhängt: Für ärmere Familien ist die Krippe die billigste Betreuungsform. Der Mangel an Unterstützung von Krippen betrifft demzufolge zu allererst die sozial schwächsten Frauen (Fagnani 2001:110, Salles 2005:4), denen oft das Geld fehlt, um eine private Betreuung zu bezahlen.

Statistiken zum Ausstieg aus dem Erwerbsleben (INSEE 2002) bestätigen, dass die Form der Kinderbetreuung mit dem Einkommen der Mutter zusammenhängt. So sind Frauen, die nach der Geburt der Kinder aus dem Erwerbsleben aussteigen, durchschnittlich weniger qualifiziert und an prekäreren Arbeitsstellen anzutreffen[7] als Frauen, die nach der Geburt des Kindes erwerbstätig bleiben (Méda/Wierink/Simon 2003:2). Der Entschluss, nach der Geburt des Kindes mit der Erwerbstätigkeit aufzuhören, ist in 22% der Fälle auf die finanzielle Situation der Frau zurückzuführen: Wenn Frauen wenig verdienen, sind die Ausgaben für eine Kinderbetreuung oft zu hoch, so dass es an einem finanziellen Anreiz fehlt (43% der befragten Frauen), eine Arbeitsstelle anzunehmen oder zu behalten, da sie gleichzeitig Anspruch auf Erziehungsgeld haben, wenn sie aus dem Erwerbsleben aussteigen. Aus einer anderen quantitativen Studie zu den Betreuungsformen in Frankreich ergibt sich, dass die niedrigen Kosten zu den häufigsten Gründen zählen, warum die Mutter das Kind betreut (Perraudin/Pucci 2006:8).

Da der finanzielle Aufwand für Kinderbetreuung Frauen unterschiedlich trifft, kann sich eine geringere Förderung der öffentlichen Betreuungsformen auf das Beschäftigungsniveau von Frauen auswirken. Indem die privaten Betreuungsformen unterstützt werden, schränkt der Staat seine Rolle in der Betreuungspolitik ein – auf Kosten der Familien mit den geringsten Einkünften (darunter Alleinerziehende).

Allerdings soll unterstrichen werden, dass der Mangel an Krippenplätzen nicht nur durch die Entscheidungen der früheren konservativen Regierung zu erklären ist: Laut der Soziologin Fagnani (2001:111) widmet die CNAF den Krippen schon seit mehreren Jahren nur begrenzte Finanzmittel, vor allem im

---

6 Fonds d'investissement pour le petite enfance

7 mit befristeten Arbeitsverträgen oder Zeitarbeitsverträgen

Vergleich zu den anderen Betreuungsformen[8]. Zwar beteiligen sich die Gebietskörperschaften an der Finanzierung der Krippen, doch stellt sich für sie – genauso wie in Deutschland – das Problem begrenzter Kapazitäten aufgrund zunehmender Aufgaben, die sie übernehmen müssen.

Im Kontext von Sparkurs und Privatisierung von Betreuungsformen darf gefragt werden, wie die Lage für wenig qualifizierte und wenig verdienende Frauen aussieht. Inwieweit ist Frankreich wirklich ein Muster für die Vereinbarkeit von Beruf und Familie?

Fallstudie

Zur Beantwortung dieser Frage konzentriere ich mich auf eine lokale Fallstudie, die die Problematik der Vereinbarkeit von Beruf und Familie im Rahmen der Umsetzung eines Arbeitsmarktprogramms erforscht.

Auf folgende Fragen sollen Antworten gefunden werden:

- Inwieweit befassen sich die Arbeitsmarktakteure/innen mit der Problematik der Vereinbarkeit von Beruf und Familie?
- Welche Mittel stehen in Zeiten von Budgetkürzungen den Arbeitsmarkt- und Sozialakteuren/innen zur Verfügung, um die Eingliederung von Frauen in die Arbeitswelt zu ermöglichen?
- Haben Frauen in diesen Programmen ähnliche Chancen wie Männer oder bleibt die Kinderbetreuung eine Hürde am Weg zur Gleichheit in der Beschäftigungspolitik?

Das Arbeitsprogramm

Das PLIE[9] zielt darauf ab, Arbeitslosen mit besonderen Schwierigkeiten[10] durch eine individualisierte Begleitung die Rückkehr oder den Zugang zum Arbeitsmarkt zu erleichtern. Um dieses Ziel zu erreichen, versammelt es eine breite Palette von Akteuren/innen der lokalen Arbeitsmarktpolitik: lokale Politiker/innen, Mitarbeiter/innen des Arbeitsamts, Sozialarbeiter/innen, die Jugendliche ohne Qualifikation betreuen. Diese lokalen Akteure/innen der Arbeitspolitik bauen Projekte für die berufliche Eingliederung der Arbeitslosen auf.

Die Arbeitslosen werden 18 Monate lang von einem „Referenten“ oder einer „Referentin“ begleitet, der/die die Person unterstützt und ihr bei der

8 Laut Fagnani lässt sich diese grundlegende Entwicklung unter anderem durch die Flexibilisierung der Arbeitsbedingungen und der Anpassung der Familienpolitik an die Zwänge des Arbeitsmarktes erklären (Fagnani 2001:115).

9 Plan Local d'Insertion pour l'Emploi (Lokales Programm für Arbeit und gegen soziale Ausgrenzung): seit Mitte der 1990er Jahre bestehen ungefähr 230 PLIE auf nationaler Ebene.

10 Es umfasst Langzeitarbeitslose, Sozialhilfeempfänger/innen, Jugendliche mit geringer oder keiner Qualifikation und arbeitslose Menschen mit Behinderungen.

Arbeitssuche hilft. Diese sogenannten Referenten/innen sind Mitarbeiter/innen des Arbeitsamts oder von Sozialdiensten. Die Besonderheit des PLIE-Programms besteht in der individuellen Begleitung der Arbeitslosen, deren Chancen, eine Arbeit zu finden, durch die persönliche „Betreuung" erhöht werden soll.

Das quantitative Ziel des Programms besteht darin, circa 50%[11] der Arbeitslosen innerhalb dieser 18 Monate eine dauerhafte Arbeit zu verschaffen[12]. Anders gesagt soll es dazu beitragen, die Beschäftigungsquote innerhalb der wenig oder nicht qualifizierten Bevölkerung zu steigern.

Frauen und Vereinbarkeit: Wie wird dieses Problem in den Programmen behandelt?

Wenn in der Programmplanung nicht auf das Prinzip von Vereinbarkeit von Beruf und Familie eingegangen wird, wird dennoch oft auf die Gleichstellung von Frauen und Männern hingewiesen[13]. Außerdem findet man Ansätze von geschlechtsdifferenzierten Statistiken[14].

Was die Vereinbarkeit von Beruf und Familie betrifft, fällt in den Interviews auf, dass die meisten PLIE-Akteure/innen[15] sich des Problems der Kinderbetreuung bewusst sind. Alle Interviewten erzählen, dass eine der Hürden, auf die arbeitslose Frauen stoßen, die Kleinkinderbetreuung ist. Das Problem stellt sich sowohl beim Zugang zum Arbeitsmarkt als auch bei der Fortbildung und wird als spezifisches Frauenproblem bezeichnet. Diese Hürde ist also allem Anschein nach sichtbar.

Das PLIE zielt darauf ab, alle Aspekte, die im Zusammenhang mit der Arbeit stehen, zu behandeln. Ziel der individuellen Begleitung ist es, alle Barrieren zur Eingliederung in die Arbeitswelt in Betracht zu ziehen und zu überwinden. Es geht also darum, die „employability" der Arbeitssuchenden zu erhöhen. Es kann daher die Hypothese aufgestellt werden, dass es den PLIE-Akteuren/innen leichter als den anderen „traditionellen" Arbeitsmarktakteuren/innen fällt, sich um die Kinderbetreuung zu kümmern, weil ihnen mehr Zeit zur Verfügung steht, um eine Person bei ihrer Arbeitssuche zu begleiten.

Einige konkrete Maßnahmen sind getroffen worden, um das Problem der Kinderbetreuung zu beseitigen und Frauen den Zugang zu einer Ausbildung oder zu einer Anstellung zu erleichtern.

---

11 Dieses quantitative Ziel ist in jeder Programmplanung festgeschrieben und kann variieren, von 40 % bis 60% der Teilnehmer/innen des Programms.

12 Unter dauerhafter Arbeit wird eine Stelle mit einem unbefristeten oder mit einem befristeten Arbeitsvertrag verstanden, der länger als sechs Monate dauert.

13 In zwei der vier erforschten Programme wird explizit festgehalten, dass das PLIE auf einen gleichgestellten Zugang zum Programm von Frauen und Männern achtet.

14 Dies ist relativ neu in der französischen Arbeitsmarktpolitik; sie sind ziemlich einfach gehalten und nicht ausgereift.

15 Damit sind sowohl die Referenten/innen als auch die anderen Akteure/innen, gewählten Vertreter/innen, Organisatoren/innen des Programms, etc. gemeint.

Ein Direktor eines PLIE[16] ist mit der Direktorin einer Kinderkrippe in Kontakt getreten, die den Eltern sehr kurzfristig einen zumindest temporären Platz für ihr Kind zur Verfügung stellt, damit die Teilnehmer/innen des PLIE dieses Angebot nützen können.

In einem anderen PLIE[17] wird im Fragebogen, der den jungen Arbeitssuchenden gegeben wird, gefragt, ob und wie viele Kinder der/die Arbeitssuchende hat. Das PLIE versucht in Kooperation mit der Kinderkrippe die Arbeitssuchenden zeitlich zu entlasten.

Beruf und Familie: Schwer zu vereinbaren?

Dennoch ist der Spielraum für die PLIE-Akteure/innen eng. Der Mangel an Krippenplätzen scheint eine bestehende Hürde zur Gleichstellung zwischen Männern und Frauen zu sein, was den Zugang zu Arbeit und Ausbildung betrifft. Fast alle Akteure/innen unterstreichen die Grenzen ihres Aktionsspielraums, wenn es um das Problem der Kinderbetreuung geht.

So erzählte eine Mitarbeiterin des Arbeitsamtes von einer Arbeitslosen, die Anspruch auf eine mehrmonatige Ausbildung hatte. Im Rahmen des PLIE wurde beschlossen, ihr die Kinderbetreuung zu finanzieren. Die Kosten betrugen fast €5000. Vor Ende der Ausbildung wurde jedoch die Beihilfe zur Kinderbetreuung gekürzt. Laut der Betreuerin wurde entschieden, dass die Kosten für eine einzige Person im Vergleich zum gesamten Budget des PLIE zu hoch waren. Da nur zwei Frauen von der Übernahme der Betreuungskosten profitieren würden, wurde die Entscheidung getroffen, in Hinkunft diese Kosten nicht mehr zu übernehmen. Dieses Beispiel zeigt, dass die PLIE-Akteure/innen mit einem gravierenden Problem zu kämpfen haben, wenn Frauen nur über niedrige bzw. keine Einkünfte verfügen: Wer kann die Kosten übernehmen, wenn die Eltern sich eine adäquate Betreuung des Kindes bzw. der Kinder nicht leisten können?

In den Interviews wird auch unterstrichen, dass der Mangel an Krippenplätzen (wo die Kinderbetreuung am günstigsten ist) die Frauen dazu verleitet, Arbeitseinkommen und Kosten für Kinderbetreuung gegeneinander aufzurechnen. Wenn eine Frau eine schlecht bezahlte Arbeit findet, zahlt es sich finanziell nicht immer für sie aus, diese Stelle anzunehmen, da die Ausgaben für die Kinderbetreuung im Endeffekt zu hoch sind. Demzufolge entscheiden sich viele Frauen dafür, auf eine Anstellung ganz zu verzichten. Daher bleiben die Kosten für die Kinderbetreuung für Frauen mit geringem Einkommen eine finanzielle Hürde am Weg zur Vereinbarkeit von Beruf und Familie.

Manche Interviewpartner/innen stellen auch fest, dass einige Frauen das PLIE verlassen, weil sie Arbeitssuche und Kinderbetreuung nicht vereinbaren können: Sie entscheiden sich dafür, erst einmal „abzuwarten, bis das Kind älter ist". Doch besteht das Risiko, dass diese Entscheidung den Frauen langfristig

16 PLIE von Saint-Ouen.

17 PLIE von Sevran.

schadet. Alle Arbeitsmarktakteure/innen betonen: Je länger die Arbeitsunterbrechung, desto schwieriger ist es, eine Stelle zu bekommen.

Hinzu kommt, dass die den nicht oder gering qualifizierten Frauen angebotenen Arbeitsstellen das Problem der Vereinbarkeit zwischen Beruf und Familie noch verschärfen können. In mehreren Interviews wurde darauf hingewiesen, dass Frauen ohne Qualifikation häufig als Kassierinnen in einem Supermarkt, im kaufmännischen Bereich, als Reinigungspersonal oder als Altenpflegerin eine Stelle finden. In diesen Arbeitssektoren sind die Arbeitszeiten meist schwer mit der Kinderbetreuung zu vereinbaren. Die Angestellten arbeiten oft früh morgens und spät abends, so dass sie entweder die Kinder nicht zur Schule begleiten oder sich abends nicht um sie kümmern können. Die Vereinbarkeit von Beruf und Familie erweist sich für gering qualifizierte Frauen als noch problematischer als für qualifizierte Frauen, die bessere Chancen auf normale Arbeitszeiten haben.

Auch wenn die PLIE-Akteure/innen sich dieser zusätzlichen Schwierigkeit oft bewusst sind, haben sie keinen direkten Einfluss auf das Arbeitsangebot und die Gestaltung von Arbeitszeiten.

Schließlich kann man auch feststellen, dass das Problem der Vereinbarkeit von Kindern und Beruf langfristige Auswirkungen hat.

In mehreren Interviews haben die PLIE-Akteure/innen den Fokus auf die Situation von über fünfzigjährigen Frauen gerichtet, die lange mit der Erziehung ihrer Kinder beschäftigt waren und nie eine Arbeitsstelle gehabt haben. Wenn die Kinder erwachsen geworden sind, wollen oder müssen sie sich eine Arbeit suchen. Doch dauert ihre Eingliederung in die Arbeitswelt länger als bei anderen Arbeitslosen: sowohl für die Verwirklichung der beruflichen Pläne, für den Einstieg in eine Ausbildung, als auch wegen der zögerlichen Haltung eines/r potentiellen Arbeitgebers/in gegenüber einer Person, die nie zuvor in Beschäftigung war. Aufgrund dieser zusätzlichen Hürden ist der Weg in eine Anstellung zweifellos länger und die Arbeit der Referenten/innen aufwändiger. Diese Situation ist spezifisch für Frauen. So bemerkte eine Interviewpartnerin: „Männer habe ich nie in einer solchen Situation erlebt!"

Betrachtet man aber das qualitative Ziel des PLIE, den Teilnehmern/innen innerhalb von 18 Monaten eine dauerhafte Anstellung zu verschaffen, so darf man sich fragen, inwieweit dieses Ziel für Frauen ohne Berufserfahrung innerhalb dieses zeitlichen Rahmens realistisch ist, ohne prekäre Arbeitsbedingungen akzeptieren zu müssen.

Betrachtet man das quantitative Ziel des PLIE, für etwa 50% der Teilnehmer/innen dauerhaft Arbeit zu finden, so stellt sich die Frage, inwieweit Frauen ohne Berufserfahrung eine „Last" für die Referenten/innen darstellen, da die Chance, diese in die Arbeitswelt einzugliedern, geringer ist als für Arbeitslose mit Arbeitserfahrung. Diese Frauen erfordern von den Referenten/innen besonderen Einsatz, zugleich aber haben die Referenten/innen weniger Chancen in ihren Bemühungen erfolgreich zu sein.

Diese Problematik, die in der Forschung (zumindest in Frankreich) bisher noch nicht thematisiert wurde, zeigt, dass die Doppelbelastung Frauen auch im späteren Leben bei der (Re-)Integration in den Arbeitsmarkt schaden kann.

Schlussfolgerungen

In meinem Beitrag habe ich versucht, auf die Frage der Vereinbarkeit von Beruf und Familie in Frankreich unter dem spezifischen Blickwinkel der Situation der gering qualifizierten und wenig verdienenden Frauen einzugehen.

Die Fallstudie illustriert die bestehenden Probleme, mit denen Mütter ohne Arbeit und demzufolge geringem Einkommen konfrontiert sind. Dieses Problem sollte angesichts der aktuellen Entwicklungen in Frankreich, der politischen Thematisierung von Kinderbetreuung, analysiert werden. Die Privatisierung der Kinderbetreuung, die Anne Salles (2005) diskutiert, könnte die dargestellten Schwierigkeiten noch verschärfen. Der Mangel an Investitionen in öffentliche Kinderbetreuung schadet vor allem den am geringsten qualifizierten Frauen. Dieser Mangel gefährdet ihre Chancen, eine Arbeit zu finden oder eine Ausbildung zu machen, sei es kurz- oder mittelfristig.

Dieser Beitrag diskutierte die Frage der Gleichstellung in Zeiten von Sparmaßnahmen im sozialen Bereich: Gleichstellung scheint nur erreichbar zu sein, wenn ausreichend Investitionen in öffentliche Kinderbetreuungsformen getätigt werden. Andernfalls wird das Konzept der Gleichheit auf eine liberale Auffassung reduziert.

Literatur

Commaille, Jacques / Strobel, Pierre / Villac, Michel (2002), La politique de la famille, La découverte, Paris.

Fagnani, Jeanne (2001), La politique d'accueil de la petite enfance: ombres et lumières. In: Travail, Genre et Société, Nr. 6, Oktober 2001, 105-119.

Fagnani, Jeanne (2002), Activité professionnelle des mères et politiques de soutien aux parents qui travaillent. In: Informations sociales, Dossier politiques familiales européennes, Nr. 102.

Fagnani Jeanne / Letablier, Marie-Thérèse (2001), Famille et travail: contraintes et arbitrages. In: Problèmes politiques et sociaux, Nr. 858, Juni 2001, 3-80.

Hantrais, Linda / Letablier, Marie-Thérèse 1995), Travail professionnel et vie familiale, une comparaison européenne. In: Recherches et prévisions, 1995, Nr. 41, 13-23

Hantrais, Linda (2000), Gendered policies in Europe. Reconciling employment and family life, New York.

Jönsson, Ingrid / Letablier, Marie-Thérèse (2005), Caring for children: the logics of public action. In Gerhard, Ute / Knijn, Trudie / Weckert, Anja (eds.), Working mothers in Europe, a comparison of policies and practices, 266-286.

Letablier, Marie-Thérèse / Rieucau, Géraldine (2001), La garde d'enfants: une affaire d'Etat?, Document de travail du Centre d'Etudes de l'Emploi, n° 06.

Maruani, Margaret (2003), Travail et emploi des femmes, Paris, La Découverte.

Méda, Dominique / Wierink, Marie / Simon, Marie-Odile (2003), Pourquoi certaines femmes s'arrêtent-elles de travailler à la naissance d'un enfant?, DARES, Premières synthèses, Nr 29.2.

Perraudin, Corinne / Pucci, Muriel (2006), La difficile conciliation entre vie professionnelle et vie familiale: une étude empirique des choix d'activité et de garde des mères de jeunes enfants, DREES.

Pfefferkorn, Roland (2002), Les politiques publiques et la question de l'égalité hommes-femmes. Le cas de la France. In: Cahiers du genre, Nr. 32, 87-109.

Revillard, Anne (2006), La conciliation travail-famille: un enjeu complexe pour le féminisme d'Etat. In: Recherches et prévisions, Nr. 85, 17-27.

Rossilli, Mariagrazia (1997), The European Community's policy on the equality of women. In: The European journal of women's studies, Vol. 4, 63-82.

Salles, Anne (2005), Frankreich auf dem Weg zur Reprivatisierung der Kinderbetreuung?, Internationale Tagung an der Freien Universität Berlin: Kulturelle Hegemonie und Geschlecht als Herausforderung im europäischen Einigungsprozess, 5.-8. Mai 2005.

Salles, Anne (2006), Familienpolitik in Deutschland und in Frankreich: die Kinderbetreuung ist der Schlüssel, Seminar mit deutschen Abgeordneten im Bundestag.

Vereinbarkeit von Beruf und Familie in Österreich

Verena Kaselitz / Petra Ziegler

Wie die lebhafte öffentliche Diskussion in den letzten Monaten in Österreich gezeigt hat, ist das Thema Vereinbarkeit von Beruf und Familie ein virulentes gesellschaftliches Problem, das sehr divergierende Auffassungen von Geschlechterrollen und Familienwerten zu Tage befördert, die nicht zuletzt in den Differenzen zwischen den Regierungsparteien – der Sozialdemokratischen Partei und der konservativen Volkspartei – ihren Ausdruck finden.

Der Beitrag analysiert die gegenwärtige Situation mittels eines Überblicks über die berufliche Situation von Frauen in Österreich unter besonderer Berücksichtigung von Frauen mit Kindern, der Verteilung von bezahlter und unbezahlter Arbeit, der Formen und Verfügbarkeit von Kinderbetreuung und Pflegedienstleistungen sowie einer kurzen Charakteristik der Einstellungen zu Geschlechterrollen und Familienwerten.

1. Zur Situation von Frauen am österreichischen Arbeitsmarkt

2006 waren deutlich mehr Frauen in Österreich unselbständig beschäftigt als noch vor zehn Jahren. Allerdings ist diese Arbeit oft nicht mehr Existenz sichernd, da sich die Erwerbsarbeit von Frauen häufig aus verkürzten Arbeitszeiten in Bereichen des Niedriglohnsektors zusammensetzt. Warum aber haben gerade bei Frauen die atypischen Beschäftigungsformen[1] im letzten Jahrzehnt so stark zugenommen? Gründe bestehen im Ausbau des Dienstleistungssektors, in dem Frauen aufgrund der Segregation des Arbeitsmarktes schon immer stark vertreten waren, und in der traditionellen Rollenverteilung, wobei es vor allem die Frauen sind, die Berufs- und Familienleben vereinbaren müssen, und daher ihre Berufstätigkeit unterbrechen oder Teilzeit arbeiten. Hierbei wird oft außer Acht gelassen, dass diese Unterbrechungen und Abweichungen vom „Normalarbeitsverhältnis“[2] negative Folgen auf die Einkommens- und Beschäftigungsbedingungen haben (AK 2006:13).

Laut Eurostat lag die Beschäftigungsquote für das Jahr 2006 in Österreich bei 63,5% für Frauen und 76,9% für Männer.[3]

Das Lissabon-Ziel zur Erhöhung der männlichen Beschäftigten bis 2010 auf 70% und der weiblichen Beschäftigten auf 60% hat Österreich somit bereits erreicht. Allerdings ist es wichtig darauf hinzuweisen, dass in Österreich die Teilzeitquote für Frauen 2006 bereits 40,7% erreicht hat (Europäische

---

1 Darunter versteht man v.a. Teilzeit- und Leiharbeit, befristete oder geringfügige Beschäftigung, Telearbeit, Arbeit auf Abruf und scheinselbständige Beschäftigung.

2 Darunter versteht man die typisch männliche Erwerbsbiographie der durchgängig, unbefristeten Vollzeitbeschäftigung.

3 Eurostat: Population and Social Conditions, Employment rate – males/females, online: www.ec.europa.eu/eurostat (2007-08-08)

Kommission 2007:24). Das bedeutet, dass sich zwar die Beschäftigung von Frauen erhöht hat, das Arbeitsvolumen aber nicht gestiegen bzw. teilweise zurückgegangen ist. In Vollzeitäquivalenten ist die Beschäftigungsquote bei Frauen seit 1995 rückläufig: von 53,4% 1995 auf 49% 2004 (AK 2006:17f).

Arbeitslosigkeit

In Österreich wird Arbeitslosigkeit immer noch nach nationalen Kriterien gemessen: Die Registerarbeitslosigkeit beruht auf den beim AMS vorgemerkten arbeitslosen Personen. Als arbeitslos gilt, wer die Voraussetzungen der Arbeitsfähigkeit, Arbeitswilligkeit und Arbeitslosigkeit erfüllt. Nicht gezählt werden Pensionsvorschussbezieher/innen, Bezieher/innen von Übergangsgeld, AMS-Schulungsteilnehmer/innen, Lehrstellensuchende, registrierte Arbeitslose, deren Leistungsanspruch gestrichen wurde oder die länger als drei Tage im Krankenstand sind, sowie Personen ohne Anspruch auf Arbeitslosengeld (Die Grünen 2006:23).

Versteckte Arbeitslosigkeit wird durch die Arbeitskräfteerhebung besser sichtbar, da diese auf einer Umfrage und nicht auf Erhebungen des AMS beruht. Aus dieser Erhebung der Statistik Austria für das Jahr 2004 geht hervor, dass von den rund 970.000 nicht-erwerbstätigen Frauen im Alter von 15 bis 64 Jahren, 203.000 Personen nicht aktiv nach Arbeit suchen, aber gern erwerbstätig wären. Ca. 300.000 Frauen können aufgrund von fehlender Kinderbetreuung oder fehlender Pflege für Angehörige keine Arbeit aufnehmen, was nur auf ca. 10.000 Männer zutrifft. Frauen sind daher überproportional von versteckter Arbeitslosigkeit betroffen (ibid.).

Im Sommer 2006 kam es erstmals seit vier Jahren zu einer Erholung am Arbeitsmarkt, die einerseits auf den allgemeinen wirtschaftlichen Aufschwung, andererseits auf eine massive Erhöhung der AMS-Schulungen kurz vor der Nationalratswahl am 1. Oktober 2006 zurückzuführen war. Vor allem durch die Karenz, bei der der Kündigungsschutz ein halbes Jahr vor Ende der maximalen Bezugsdauer des Kinderbetreuungsgeldes endet, verlieren viele Frauen ihren Kündigungsschutz und damit ihren Arbeitsplatz (ibid.:24f).

Teilzeit

Besonders stark ausgeprägt ist die Zunahme an atypischen Beschäftigungsverhältnissen, gegen die, wenn sie freiwillig gewählt und sozial abgesichert sind, nichts eingewandt werden kann. Doch werden diese Beschäftigungsverhältnisse oft nicht mehr freiwillig gewählt, sondern dominieren in bestimmten Branchen, in denen Vollzeitarbeitsplätze die Ausnahme darstellen. Diese Flexibilisierung trifft Frauen anders als Männer: Auch wenn Männer heute stärker in flexiblen Arbeitsverhältnissen anzutreffen sind als früher, sind sie immer noch besser abgesichert als Frauen, da Männer auch in Teilzeit bessere soziale Absicherung, wie z.B. vollen Versicherungsschutz, genießen (Rubery et al. 1999:47). Die Frage nach der Freiwilligkeit bei Teilzeitbeschäftigung ist schwer zu beantworten, beobachtet kann aber werden, dass die Teilzeitbeschäftigung bei Frauen mit der Anzahl der zu betreuenden Kinder zunimmt, während das bei Männern nicht der Fall ist (AK 2006:18).

In einer 2006 durchgeführten Erhebung zur Freiwilligkeit von Teilzeitbeschäftigung (SORA 2006) wurden Teilzeitbeschäftigte befragt, ob sie ihre wöchentlichen Arbeitsstunden gerne erhöhen würden. 13% der Befragten gaben an, dass sie gerne mehr arbeiten würden, wenn die Kinderbetreuung zufrieden stellend wäre. 28% wünschten sich sofort ein höheres Stundenausmaß, wobei unter den Teilzeit beschäftigten Männern der Wunsch bei weitem stärker ausgeprägt ist (45%) als unter den Frauen (26%). Nur 22% gaben an, keine zusätzlichen Stunden arbeiten zu wollen. 27% wollten ursprünglich ihr Arbeitsausmaß vergrößern, hatten aber wegen mangelnder Realisierungschancen aufgegeben.

Auch die geringfügige Beschäftigung nimmt in Österreich stark zu: 1996 waren 148.803 Personen geringfügig beschäftigt, 2006 waren es bereits 241.564 Personen, wobei rund 70% Frauen sind (Der Standard 2007). Die Geringfügigkeitsgrenze liegt 2007 bei € 341,16. Geringfügige Beschäftigung war anfangs eigentlich als eine Übergangstätigkeit gedacht, um den Ein- und Umstieg auf den Arbeitsmarkt zu erleichtern. Mittlerweile wird sie aber immer öfter zum „Dauerzustand" und einige Arbeitnehmer/innen haben mehrere geringfügige Beschäftigungen nebeneinander, da sie keine andere Form der Anstellung finden können (AK 2006:19).

Beschäftigungs-, Arbeitlosen- und Teilzeitquote (2000-2006)

	Beschäftigungsquote		Arbeitslosenquote		Teilzeitquote	
	Frauen	Männer	Frauen	Männer	Frauen	Männer
2000	59,6	77,3	4,3	3,1	32,2	4,1
2002	61,3	76,4	4,4	4,0	35,9	5,1
2004	60,7	74,9	5,3	4,4	38,0	4,9
2006	63,5	76,9	5,2	4,4	40,2	6,5

Quelle: Eurostat: Bevölkerung und soziale Bedingungen. Tabellen. Beschäftigungs-, Arbeitslosen- und Teilzeitquote – weibliche/männliche Bevölkerung, online unter: www.ec.europa.eu/eurostat (2007-07-23)

85% der Teilzeitbeschäftigten sind Frauen, wobei hier der Anteil ebenfalls stark wächst: 1998 lag die Teilzeitquote von Frauen mit 27% noch unter dem EU-Schnitt von 30% (Leitner/Wroblewski 2000:24), 2006 lag sie mit 40,2% bereits deutlich über dem Durchschnitt der EU-25 von 32,9%. Diese geringere zeitliche Arbeitsleistung führt zu geringeren Einkommen, Pensionen und Sozialleistungen. Der Anteil der Männer an Teilzeitarbeit in Österreich ist im EU-Vergleich hingegen geringer: 6,5% für das Jahr 2006 verglichen mit 7,7% EU-weit (Europäische Kommission 2007:24).

Bei den freien Dienstnehmer/innen liegt der Frauenanteil bei 60%, bei den Werkvertragnehmern/innen bei 68% (Die Grünen 2006:19).

Ausbildung

In Österreich sind 90% der besser ausgebildeten[4] Frauen erwerbstätig. Der Anteil von Frauen ohne formale Berufsausbildung ist nach wie vor hoch (26,8%). Signifikant ist, dass auch in den jüngsten Jahrgängen am Erwerbsarbeitsmarkt noch immer mehr niedrig qualifizierte Frauen pro Jahrgang auftreten als Männer. Ab der Bildungsstufe AHS gibt es kaum noch geschlechtsspezifische Unterschiede. Wobei diese positive Entwicklung nichts über die geschlechtsspezifische Schul- und Ausbildungswahl aussagt, hier sind junge Frauen weiterhin in naturwissenschaftlich-technischen Studienrichtungen unterrepräsentiert (AK 2006:22f).

Geschlechtsspezifischer Lohnunterschied

Laut Rechnungshofbericht 2006 erreichen nur noch 59,6% der Frauen das sogenannte Medianeinkommen[5]. Im Jahr 1998 waren es noch 60,4% (Der Standard 2006:8). Hier wirkt sich vor allem die hohe weibliche Teilzeitquote aus. Die Gehaltsdiskriminierung beginnt früh, da bereits weibliche Lehrlinge um durchschnittlich 13,6% weniger Lehrlingsentschädigung erhalten als männliche Lehrlinge. Bei Arbeiterinnen ist die Gehaltsdifferenz besonders hoch, ihr Lohn ist um 55% geringer als der von männlichen Arbeitern (Der Standard 2006:8).

Auch bei der Steigerung der Bruttoeinkommen sind Frauen schlechter gestellt als Männer: Männer erhielten 2006 um durchschnittlich 1,9% mehr Einkommen als 2005, Frauen lediglich 1,7% (Die Grünen 2006:19).

Etwa die Hälfte des Einkommensunterschieds ist auf prekäre Arbeitsverhältnisse und Teilzeitjobs zurückzuführen. Aufgrund fehlender Kinderbetreuungseinrichtungen sind Frauen dazu gezwungen, Arbeit mit flexiblen Arbeitszeiten anzunehmen, die schlecht bezahlt ist und wenig Aufstiegschancen bietet (Die Grünen 2006:17).

In Österreich werden von verschiedenen Einrichtungen eigene Berechnungen zum Einkommensunterschied veröffentlicht. Laut Berechnungen der AK Wien, die auf der Lohnsteuerstatistik basiert, ergibt sich für 2005 ein Gehaltsunterschied von 40% bei den unselbständig Beschäftigten (Pirklbauer 2007). Das ergibt ein gänzlich anderes Bild als die Eurostat-Zahlen, die für Österreich einen Lohnunterschied von 18% ausweisen (Europäische Kommission 2007:25).

---

4 Dazu zählen jene mit Fachhochschul- und Hochschulabschluss.

5 Darunter wird jenes Einkommen verstanden, das von genau der Hälfte der Beschäftigten erreicht wird.

Einschätzung zur Situation am Arbeitsmarkt

Die längerfristigen Entwicklungen bei Beschäftigung, Arbeitslosigkeit und Einkommen zeigen, dass die Unterschiede zwischen Frauen und Männern in den 1980er Jahren deutlich zurückgingen. In den 1990er Jahren war dieser Trend nicht mehr eindeutig, sondern es gab auch Bereiche, in denen sich die geschlechtsspezifischen Unterschiede wieder vergrößerten: Frauen sind gegenüber den neuen wirtschaftlichen Entwicklungen weniger geschützt als Männer, was sich z.B. in den großen Beteiligungsunterschieden bei der Teilzeitarbeit und anderen prekären Arbeitsverhältnissen zeigt. Ein weiterer Grund für die schlechteren Chancen von Frauen ist die Beharrlichkeit der geschlechtsspezifischen Segregation am Arbeitsmarkt. Trotz aller unterstützenden Maßnahmen, die Teilung des Arbeitsmarkts in Frauen- und Männerberufe aufzuheben, bleibt die Segregation weiterhin aufrecht, bzw. hat vor allem das Entstehen neuer Berufe im Dienstleistungssektor die Segregation weiter ansteigen lassen (Leitner/Wroblewski 2000:46f).

Eine weitere politische Rahmenbedingung, der EU-Beitritt, kann unterschiedlich beurteilt werden: Einerseits führte der Beitritt zur Deregulierung von arbeitsrechtlichen Bestimmungen, andererseits mussten die gesetzlichen Bestimmungen der EU übernommen werden, welche im Bereich der Gleichstellung im Erwerbsleben und Antidiskriminierung weiter entwickelt waren als die österreichischen.

Staatliche Maßnahmen zur Unterstützung der Berufstätigkeit von Müttern (und Vätern)

Die nach wie vor bestehenden Benachteiligungen von Frauen am Arbeitsmarkt werden mit der Geburt eines Kindes noch gravierender, auch oder gerade deshalb, weil es in Österreich damit sehr häufig zu einer völligen Unterbrechung der Erwerbsbiografie kommt. Die Folgen sind sowohl kurz-, mittel- als auch langfristig, da der (vorübergehende) Ausstieg aus dem Erwerbsleben nicht nur momentane finanzielle Einbußen mit sich bringt, sondern durch die nach dem Wiedereinstieg geringeren Karrierechancen verbunden mit niedrigeren Gehältern langfristig auch negative Auswirkungen auf die Pensionen hat. Von staatlicher Seite wird dem nur bedingt entgegengewirkt, die starke Ausrichtung des Wohlfahrtssystems auf Geldtransferleistungen erweist sich sogar vielfach als kontraproduktiv (siehe S. 129ff).

Elternteilzeit

Die Einführung des Rechts auf Teilzeit bzw. auf Änderung der Lage der Arbeitszeit[6] beider Eltern bis zum 7. Lebensjahr des Kindes ist im Prinzip positiv zu bewerten, vor allem da beide Eltern dieses Recht *gleichzeitig* in An-

6 Damit ist gemeint, dass die Arbeitszeiten den familiären Bedürfnissen entsprechend zeitlich verändert werden können.

spruch nehmen können. Allerdings sieht das Gesetz zwei Einschränkungen vor, die die Wirksamkeit der Maßnahme von vornherein schmälern. Ein Anrecht besteht nur dann, wenn der Betrieb mehr als 20 Beschäftigte hat und wenn der/die Arbeitnehmer/in bereits mindestens drei Jahre im Unternehmen beschäftigt ist (AK 2006:62). Dies führt dazu, dass nur knapp die Hälfte der Männer zwischen 20 und 49 Jahren und nur ein Drittel der Frauen zwischen 20 und 44 einen Rechtsanspruch besitzen (Dörfler 2004b:9).

Die Familie & Beruf Management GmbH

2005 unter der rechtskonservativen Regierung Schüssel II gegründet, dient die Familie & Beruf Management GmbH unter dem Titel „Familienallianz" als „Koordinierungs-, Kompetenz- und Servicestelle zur Umsetzung, Beratung und Betreuung von Maßnahmen zur Vereinbarkeit von Beruf und Familie".[7] Die Übertragung der familienpolitischen Agenden an diese GmbH war politisch sehr umstritten und konnte von der Regierung nur mittels Beharrungsbeschluss[8] verwirklicht werden. Auf ihrer Website www.familienallianz.at werden zahlreiche Aktivitäten wie das Audit Familie & Beruf, das Audit familienfreundliche Gemeinde, Unterstützungen für innovative Kinderbetreuungsprojekte, oder das Audit Familie & Beruf in der professionellen Alten- und Krankenpflege präsentiert, die dazu beitragen sollen, eine „familienorientierte Arbeitswelt" zu gestalten. Bis Sommer 2007 waren allerdings nur knapp 130 Unternehmen sowie 56 Gemeinden in ganz Österreich (wobei sich ein erheblicher Anteil noch im Auditprozess befindet) als „familienfreundlich" zertifiziert worden.

Auswirkungen der Arbeitsbedingungen auf die Vereinbarkeit

In ihrer Studie zur Wirksamkeit von Arbeitsbedingungen zur besseren Vereinbarkeit von Familie und Erwerb analysierte Sonja Dörfler Arbeitszeit und Arbeitsort hinsichtlich ihrer Chancen auf ein zufrieden stellendes Erwerbs- und Familienleben, soziale Sicherheit und Chancen aus Unternehmenssicht (Dörfler 2004a). Im Detail beschäftigte sie sich mit Gleitzeitarbeit, Teilzeitarbeit, Arbeit von zu Hause aus (Telearbeit), Formen der Flexibilisierung des Arbeitsortes und Formen der Unterstützung der Mobilität. Dörfler kommt zum Schluss, dass sich Teilzeitbeschäftigung zwar positiv auf das Familienleben auswirkt, aber negativ auf das Erwerbsleben in vielfacher Hinsicht. Abgesehen von den bekannten Folgen wie schlechte Aufstiegschancen, kein existenzsicherndes Einkommen und fehlende Aus- und Weiter-

7 www.familienallianz.at/Ziele-Aufgaben.5.0.html, 2007-07-27

8 Jeder Gesetzesbeschluss des Nationalrats ist dem Bundesrat vorzulegen, der innerhalb von 8 Wochen Einspruch erheben kann. Wird ein begründeter Einspruch erhoben, so kommt der Gesetzesbeschluss wieder an den Nationalrat. Dieser kann einen Beharrungsbeschluss fassen, wobei die Hälfte der Nationalräte anwesend sein muss. Online unter http://aeiou.iicm.tugraz.at/aeiou.encyclop.g/g335475.htm (2008-02-16)

bildungsmöglichkeiten, stellte Dörfler auch erhöhten Stress durch Arbeitsverdichtung und ungünstige Lage der Arbeitszeit fest. Etwas besser fällt die Bilanz für das Arbeiten von Zuhause aus, da zumindest die Chancen auf ein existenzsicherndes Einkommen und auf soziale Sicherheit gewahrt bleiben, allerdings kann die Qualität der Familienzeit durch mangelnde Abgrenzung zur Erwerbsarbeit leiden. In Österreich noch kaum realisiert ist Telearbeit in Satelliten- und Nachbarschaftsbüros[9], die jedoch in Dörflers Studie sehr gut bewertet wird. Mögliche Nachteile beim beruflichen Aufstieg könnten durch Eigeninitiative vermieden werden.

2. Situation von Frauen im familiären Bereich

Unbezahlte Arbeit

Ein wichtiger Grund für weiterhin bestehende Diskriminierungen von Frauen ist die Aufteilung der unbezahlten Arbeit zwischen Frauen und Männern. Aufgrund von geschlechtsspezifischen Rollenzuschreibungen bleibt die unbezahlte Arbeit – trotz deutlicher Zuwachsraten von Frauen bei der bezahlten Beschäftigung – immer noch zu einem überwältigenden Anteil den Frauen vorbehalten.

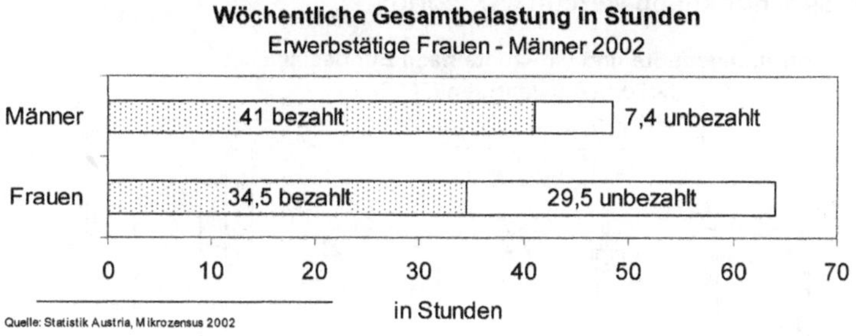

Quelle: Pirklbauer 2007

Für jede Stunde bezahlte Arbeit arbeiten erwerbstätige Frauen 51 Minuten unbezahlt, Männer hingegen nur 11 Minuten.

Aufgrund dieser ungleichen Verteilung der unbezahlten Arbeit ist das Gesamtarbeitsvolumen bei Frauen deutlich höher als bei Männern. Diese Zeit

9 Darunter versteht man nach Dörfler (2004:32ff) „dezentrale Arbeits- oder Betriebsstätten, die ein Unternehmen für mehrere Mitarbeiter in Wohnortnähe einrichtet und betreibt“ (Satellitenbüros) sowie „von mehreren Trägerorganisationen bzw. Unternehmen“ eingerichtete „dezentrale Arbeitsplätze in gemeinsamen Räumlichkeiten“ (Nachbarschaftsbüros).

fehlt aber für wichtige Weiterbildung oder Teilnahme an innerbetrieblichen Aktivitäten. Berufstätige Frauen mit Kindern haben die höchste Arbeitsbelastung. Interessant ist auch, dass berufstätige allein erziehende Frauen eine geringere Arbeitsbelastung aufweisen als verheiratete berufstätige Frauen mit Kindern. Nicht zu unterschätzen ist auch die Pflege Älterer (siehe S. 131), die in den nächsten Jahren noch zunehmen wird. Hier werden zwei Drittel der Pflegebedürftigen von Frauen gepflegt, wobei die Hälfte der betreuenden Personen noch im erwerbsfähigen Alter ist (Pirklbauer 2007).

Die Folgen dieser ungleichen Verteilung sind: weniger Zeit für Erwerbsarbeit, weniger Zeit für berufliche Orientierung und (Weiter-)Bildung, weniger Flexibilität bei den Erwerbsarbeitszeiten und geringere Mobilität. Dies führt zu einer geringeren Auswahl an Berufen und damit an beruflichen Aufstiegsmöglichkeiten.

Kinderbetreuung

Ein gravierender Hemmschuh für die Vereinbarkeit von Beruf und Familie ist der Mangel an Kinderbetreuung. In Österreich gibt es zu wenig Angebote für Kleinkinder (0 bis 3 Jahre) und für Schulkinder. So liegt die Betreuungsquote bei den unter Dreijährigen bei lediglich 11% (AK 2006:57) und damit weit entfernt von den sogenannten Barcelona-Zielen der EU, die eine Quote von 33% bis 2010 anpeilen. Deutlich besser liegt Österreich bei der Betreuung der Kinder zwischen 3 und 5 Jahren. Hier wird das Barcelona-Ziel von 90% mit 83% nur knapp verfehlt (AK 2006:57).

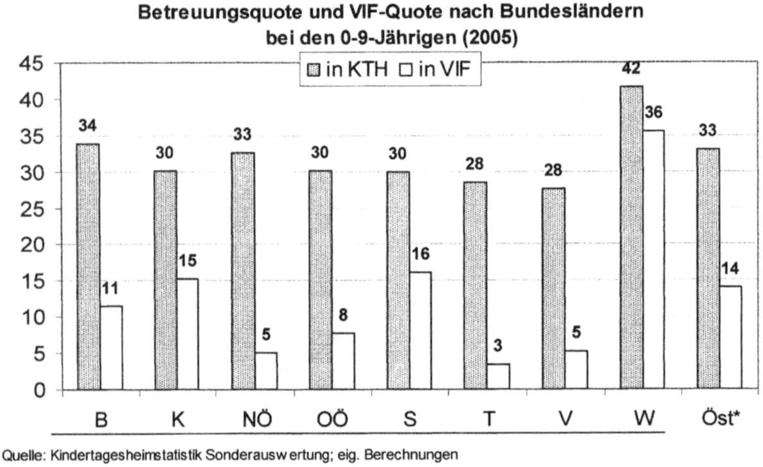

Quelle: Pirklbauer 2007

Besonders auffallend ist jedoch das fehlende Angebot an Ganztagsbetreuung (VIF)[10]. So haben nur 18% der Kinder zwischen sechs und neun Jahren einen ganztägigen Betreuungsplatz (inklusive Internate und Ganztagsschulen) (AK 2006:57). Doch zeigt sich gerade hier, dass Frauen verstärkt Vollzeit arbeiten, wenn Ganztagsbetreuung für die Kinder vorhanden ist. Insgesamt entsprechen nur 40% aller Betreuungseinrichtungen (für alle Altersgruppen zusammengefasst) dem Vereinbarkeitsfaktor (AK 2006:60).

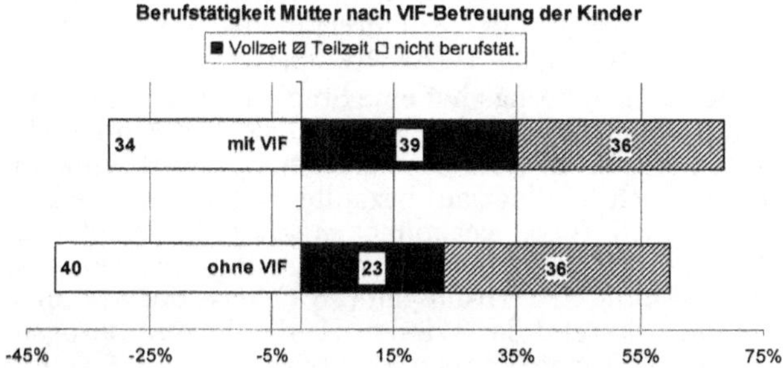

Quelle: Pirklbauer 2007

Große Bedeutung kommt in diesem Zusammenhang auch den wohlfahrtsstaatlichen Prinzipien zu. Der Wohlfahrtsstaat österreichischer Prägung konzentrierte sich bis dato vor allem auf Transferleistungen. Folgt man der offiziellen politischen Diktion der (rechts)konservativen Parteien, soll damit Wahlfreiheit garantiert werden. Familien sollen mit dem zur Verfügung gestellten Geldern „frei" entscheiden können, wer sich um den Nachwuchs kümmert. Allein der Mangel an Kinderbetreuungseinrichtungen verhindert jegliche Wahlfreiheit.

Geldleistungen – Familienbeihilfe und Kindergeld

Neben der bereits seit Jahrzehnten existierenden Familienbeihilfe, die gestaffelt nach Alter des Kindes gewährt wird (mit Mehrkindzuschlag), gilt das sogenannte Kinderbetreuungsgeld (KBG), das 2002 das bis dahin geltende Karenzgeld ersetzt hat, als wichtigste – und nach der Familienbeihilfe auch teuerste staatliche Geldleistung für Kinder. Diese Maßnahme hat zwar eine Verbesserung dahingehend gebracht, dass nun auch vor der Schwangerschaft nicht (versichert) erwerbstätige Frauen davon Gebrauch machen können, doch

10 VIF = Vereinbarkeitsfaktor für Familie und Beruf: Gemäß diesem von der Arbeiterkammer entwickelten Faktor müssen Betreuungseinrichtungen für Kinder folgende Kriterien erfüllen: Öffnungsdauer von mind. 40 Stunden in der Woche, durchschnittliche tägliche Öffnungsdauer von 8 Stunden, Lage der Öffnungszeiten an vier Tagen bis mind. 17 Uhr sowie an einem Tag bis mind. 13 Uhr und Angebot von Mittagessen (AK 2006:59)

die Kritikpunkte sind zahlreich. Sie konzentrieren sich in erster Linie auf die lange Bezugsberechtigung (30 Monate + 6 Monate für den zweiten Elternteil) bei gleichzeitiger Beibehaltung eines nur 24-monatigen Kündigungsschutzes und auf die nicht existenzsichernde Höhe von rund € 460. Zwar besteht die Möglichkeit eines Zuverdienstes (bis Ende 2007 in der Höhe von € 14.600, seit 1.1.2008 € 16.200), doch zur damit beabsichtigten Steigerung des Männeranteils an den Kindergeldbeziehern/innen ist es nicht gekommen. Der Anteil der Väter, die diese staatliche Geldleistung in Anspruch nehmen, ist zwar seit Einführung des KBG von 1% auf 3,3% gestiegen, doch dies wird eher auf ein „größeres Engagement (der Väter) in der Kindererziehung" als auf die „Neuregelung des Zuverdienstes" zurückgeführt (AK 2006:54).

Bei der Frage des Kindergeldbezugs hat eine Studie herausgefunden, dass Frauen ihre Erwerbstätigkeit unterbrechen, während sie das Kindergeld beziehen, Männer hingegen das Kindergeld zusätzlich zum Erwerbseinkommen beziehen. Männer greifen auch häufiger auf bezahlte, außerhäusliche Kinderbetreuung zurück als Frauen (66% gegenüber 43%) (Riesenfelder et al. 2006:16). Als kritisch bezeichnet werden muss auch das Unwissen von fast der Hälfte der zuvor unselbstständig Erwerbstätigen (46%), dass der Kündigungsschutz nur 24 Monate gilt, während das Wissen um die längere Bezugsdauer des KBG „sehr präsent" war (Riesenfelder et al. 2006:4).

Insgesamt sorgt das KBG auch für einen verzögerten beruflichen Wiedereinstieg: Lag der Prozentsatz der Wiedereinsteiger/innen in den 39 Monaten nach der Geburt unter den Karenzgeldbeziehern/innen bei knapp über 60%, so fiel er bei den Kindergeldbeziehern/innen auf knapp über 51% (Riesenfelder et al. 2006:8). Positive Effekte zeigte dagegen die Möglichkeit des Zuverdienstes: In den ersten 18 Monaten nach der Geburt erhöhte sich die Zahl der Wiedereinsteiger/innen von 5,2% unter den Karenzgeldbeziehern/innen auf 7,1% bei den KBG-Beziehern/innen; im ersten Lebensjahr des Kindes kam es sogar zu einer beinahe Verdoppelung von 5% auf 9,3% (Riesenfelder et al. 2006:8). Ebenfalls erhöht hat sich aber auch der Anteil der arbeitslosen Frauen unter den Wiedereinsteigerinnen, der um fast 40% gestiegen ist (Lutz 2004:29).

Als oftmals problematisch erweist sich die Zuverdienstgrenze für besser verdienende Frauen (und einen Großteil der Männer), da das Ausmaß der Arbeitszeit so stark reduziert werden müsste, dass eine Beschäftigung weder für Arbeitgeber/in noch Arbeitnehmer/in sinnvoll erscheint (AK 2006:56).

Positive Auswirkungen auf die Geburtenrate – wie ursprünglich angenommen – konnten bis dato nicht festgestellt werden. Sie lag 2005 bei 1,4 Kinder pro Frau, was keine signifikante Veränderung in den letzten zehn Jahren bedeutet, in denen sich die Geburtenrate zwischen 1,33 und 1,47 bewegte.[11]

11 vgl. Gesamtfruchtbarkeitsrate lt. Eurostat (http://epp.eurostat.ec.europa.eu, 2007-07-27)

Steuerleistungen

Anders als in Deutschland gilt in Österreich das Prinzip der Individualbesteuerung. Vorstöße zur Einführung der Ehegatten- oder Familienbesteuerung konnten sich bis dato nicht durchsetzen (AK 2006:62). Allerdings wird über Absetzbeträge durchaus zugunsten von Familien agiert. Während der Kinder- bzw. Unterhaltsabsetzbetrag noch relativ geschlechtsneutral wirkt, so gilt dies nicht für den Alleinverdienerabsetzbetrag (AVAB). „Damit wird ein ganz spezifisches Familienmodell gefördert: das des Alleinverdieners mit einer maximal Teilzeit beschäftigten Partnerin."(AK 2006:63) Der AVAB (plus Kinderzuschläge) kommt nur zum Tragen, wenn der/die Partner/in weniger als 6.000 Euro jährlich verdient. Somit besteht ein „massiver Anreiz, die Beschäftigung nicht über die Zuverdienstgrenze auszuweiten – mit problematischen mittelfristigen Auswirkungen, insbesondere hinsichtlich der späteren Pensionsansprüche" (AK 2006:63).

Betreuung anderer Familienangehöriger

Betreuung von Angehörigen endet für viele Frauen nicht mit dem Erwachsenwerden der Kinder. Mehr als 80% der pflegebedürftigen Menschen werden in Österreich zuhause gepflegt (Die Grünen 2006:53). Diese Pflege wird von 425.000 nahen Angehörigen übernommen, davon sind 79% Frauen und 21% Männer (ÖBIG 2005, in: Die Grünen 2006:53). Dazu kommt, dass Frauen in erster Linie die direkte Pflege wie Körperpflege und Ankleiden übernehmen, während sich Männer meist um Erledigungen wie Telefonate und Botengänge kümmern (Die Grünen 2006:53).

Steigt der Pflegebedarf, wird er zusehends zu einem Erwerbshindernis. Zudem sind es überwiegend ältere Frauen, die die Pflege übernehmen (AK 2006:72ff).

Insgesamt ist die Vereinbarkeitsproblematik in diesem Bereich noch gravierender: Neben der geringen Zeit für Erwerbsarbeit, ist die Pflegetätigkeit oft psychisch und physisch sehr belastend, die Dauer der Abwesenheit vom Arbeitsmarkt im Gegensatz zur Karenz nicht vorhersehbar und die soziale Absicherung aufgrund der häufigen Nicht-Erwerbstätigkeit nicht ausreichend gewährleistet. Zwar gibt es seit 1993 das Pflegegeld, doch umgerechnet auf einen Stundenlohn ist es bei weitem nicht adäquat. Es beträgt in Pflegestufe 1 drei Euro pro Stunde (150 Euro für 50 Stunden Pflege im Monat), in Pflegestufe 2, in der ein Drittel der zu Pflegenden eingestuft ist, gerade einmal 3,6 Euro (AK 2006:74).

3. Geschlechterrollen und Familienwerte

Wie eingangs erwähnt, zählt die Vereinbarkeit von Beruf und Familie zu den am meist und stark kontroversiell diskutierten Themen im ersten Jahr der Neuauflage der Großen Koalition in Österreich. Abgesehen von den partei-politisch bestimmten Divergenzen zeigen Studien der letzten Jahre, dass in der Bevölkerung ein eher traditionelles Rollenbild, vor allem was die Rolle von Müttern betrifft, vorherrscht.

Im Auftrag des Familienministeriums, an deren Spitze die ÖVP-Politikerin Andrea Kdolsky steht, wurde im Frühjahr 2007 eine Studie durchgeführt, die erbrachte, dass eine Mehrheit der Bevölkerung Eltern und Großeltern als die geeignetsten Betreuungspersonen für Kleinkinder (0-3 Jahre) ansieht: Im Detail nannten 37% sich selbst, 36% den/die Partner/in und 6% die Großeltern als am besten geeignet (diestandard 2007). Nur jeweils 6% gaben Kinderkrippen bzw. Tagesmüttern den Vorrang (diestandard 2007). Auch wenn bei der Frage nach der Betreuung der 3- bis 6-Jährigen der Kindergarten als geeignetste Form der Betreuung genannt wurde, zeigt die Studie sehr deutlich, dass das geringe Angebot an Kinderbetreuungseinrichtungen für Kleinkinder von der Mehrheit der Bevölkerung durchaus mitgetragen wird.

Diese Einstellungen werden durch im Rahmen des „International Social Survey Programme (ISSP)" erhobene Daten bestätigt. In ihrem Vergleich zu den Kinderbetreuungskulturen in Deutschland, Österreich, Frankreich und Schweden bezieht sich Sonja Dörfler auf die Ergebnisse des ISSP, die u.a. zeigten, dass in Österreich 32% der Befragten der Ansicht sind, dass es die Aufgabe des Mannes sei, Geld zu verdienen und die der Frau, sich um Haushalt und Kinder zu kümmern (Dörfler 2007:7). In Schweden findet dies nur bei 8% Zustimmung. Umgekehrt lehnen in Österreich 43% diese Aussage ab, in Schweden 78%, in Ostdeutschland 75%, in Frankreich 63% und in Deutschland 61% (ibid.:8). Ähnlich die Tendenzen bei der Frage, ob das Familienleben darunter leidet, wenn die Frau Vollzeit berufstätig ist: 64% der Befragten in Österreich stimmen zu, 48% der Westdeutschen (wobei auch die Ablehnung mit 37% hier sehr hoch ist), in Schweden und Ostdeutschland wird diese Aussage zu 55% bzw. 61% überwiegend abgelehnt (ibid.:9).

4. Resümee

Angesichts der allgemeinen Situation am Arbeitsmarkt (Zunahme der atypischen Beschäftigungsverhältnisse, Befristung von Dienstverhältnissen, etc.) und der Neuerungen im Sozialversicherungsbereich wie der Ausdehnung des Pensionsberechnungszeitraumes auf 45 Beitragsjahre scheint eine Vereinbarkeit von Beruf und Familie, die den Wünschen der Betroffenen Rechnung trägt, kaum verwirklichbar.

Mehr noch: Die auf reine Zahlen fokussierende Diskussion (Zahl der Kinderbetreuungsplätze, Anteil der Teilzeitbeschäftigungen, Höhe des Kindergeldes, etc.) verschleiert einen wesentlichen Aspekt, der in dem im Englischen gängigen Begriff Work-Life-Balance stärker hervortritt: die ausgewogene Gewichtung der Lebensbereiche Privat- und Berufsleben. Auch wenn der Begriff *work-life* bzw. *home-work balance* großen Interpretationsspielraum zulässt (Resch 2003), weist er stärker auf die Komponente der individuellen Zufriedenheit mit den eigenen Lebensumständen hin. Berücksichtigt man aber, dass das Thema der Vereinbarkeit von Beruf und Familie erst Eingang in die

(Wirtschafts- und Familien-)Politik fand, als demografische (Geburtenrückgang) und ökonomische Probleme (Mangel an – bestimmten, qualifizierten – Arbeitskräften bei gleichzeitiger Ressourcenvergeudung durch Verzicht auf gut ausgebildete Frauen) nicht mehr zu leugnen waren, wird klar, dass die Zielrichtung des Handelns (in Politik und Wirtschaft) den gesamtstaatlichen bzw. wirtschaftlichen Nutzen im Auge hat, die Wünsche des Einzelnen – vor allem der Einzelnen – dagegen nur marginal Berücksichtigung finden.

Die Soziologen/innen Christiane Rille-Pfeifer, Mariam I. Tazi-Preve und Olaf Kapella haben dies folgendermaßen zusammengefasst: „Es ist an der Zeit, die Denkschemen aufzubrechen, um weder die konservative noch die liberale Position zu bedienen. Denn in jüngster Zeit beginnt sich neben der Ideologie des traditionellen Mutterbildes und dem der ‚Karriere-Mutter' die Vereinbarkeit von Beruf und Familie als gesellschaftliche Norm zu etablieren. In der Realität bedeutet dies allerdings, sich permanent in einem Spannungsfeld zweier Systeme zu bewegen, die einander durch die historisch gewachsene Dichotomie von Privatheit und Öffentlichkeit ausschließen. Dementsprechend funktionieren sie als gänzlich konträre Logiken: Das Familienleben hier und das Berufsleben dort – gefragt sind hier Stabilität, dort Flexibilität, hier Emotionalität, dort Kosten-Nutzen-Prinzip, hier Empathie, dort Konkurrenz. Alles, was hier das System trägt, bringt es dort zum Scheitern."(Der Standard 2007:34)

Ohne eine fundamentale Neuorientierung auf struktureller (Arbeitswelt, soziale Sicherungssysteme) und kultureller (Geschlechterrollen) Ebene[12] sowie bei der Bewertung und Wertigkeit von Arbeit bleibt die Vereinbarkeit von Beruf und Familie nur eine leere Worthülse.

Literatur

AK – Kammer für Angestellte und Arbeiter für Wien (Hg.) (2006): AK-Frauenbericht 1995-2005: Arbeit-Chancen-Geld, Wien

Dörfler, Sonja (2004a): Die Wirksamkeit von Arbeitsbedingungen zur besseren Vereinbarkeit von Familie und Erwerb. Teil 1: Arbeitszeit und Arbeitsort, ÖIF Working paper Nr. 36

Dörfler, Sonja (2004b): Das Recht auf Teilzeit für Eltern – Top oder Flop?, Working Paper 38/2004, Österreichisches Institut für Familienforschung

Dörfler, Sonja (2007): Kinderbetreuungskulturen in Europa. Ein Vergleich vorschulischer Kinderbetreuung in Österreich, Deutschland, Frankreich und Schweden, ÖIF Working paper Nr. 57

Europäische Kommission: Gleichstellungsbericht 2007

Die Grünen (2006): Grüner Frauenbericht 2006, Wien

12 vgl. die Zusammenfassung der Theoriemodelle moderner Wohlfahrtsstaaten bei Barbara Haas (2003)

Haas, Barbara (2003): Work-home balance in Austria, the Netherlands and Sweden: Is it possible to identify models?, Reihe Soziologie 59, Institut für Höhere Studien (IHS), Wien

Leitner, Andrea / Wroblewski, Angela (2000): Chancengleichheit und Gender Mainstreaming. Ergebnisse der begleitenden Evaluierung des österreichischen NAP, IHS Reihe Soziologie Nr. 41, Wien

Lutz, Hedwig (2004): Wiedereinstieg und Beschäftigung von Frauen mit Kleinkindern – Ein Vergleich der bisherigen Karenzregelung mit der Übergangsregelung zum Kinderbetreuungsgeld; WIFO, Wien

Pirklbauer, Sybille (2007): Unvereinbar prekär. Vortrag auf der Frauenfrühlingsuniversität am 3.4.2007, unveröffentlichtes Manuskript

Resch, Marianne (2003): Work-Life Balance – neue Wege der Vereinbarkeit von Berufs- und Privatleben? In: Kooperation und Arbeit in vernetzten Welten, GfA Herbstkonferenz 29./30.9.2003 in Aachen, Ergonomia Verlag, Stuttgart

Riesenfelder, Andreas / Sorger, Claudia / Wetzel, Petra / Willsberger, Barbara (2006): Evaluierung der Einführung des Kinderbetreuungsgeldes. Kurzfassung des Forschungsberichtes

Rubery, Jill / Fagan, Mark / Smith, Colette (1999): Women's Employment in Europe. Trends and Prospects, London 1999

SORA (2006): Teilzeitbeschäftigung in Österreich, Wien. Online unter: http://sora.at/de/start.asp?x=x&fr=&b=93&ID=645 (2007-08-14)

Der Standard (2006): Hinter uns liegen sieben magere Jahre, Printausgabe vom 20.12.2006

Der Standard (2007): Die Vereinbarkeitslüge, Printausgabe vom 28.3.2007, S. 34

derStandard.at (2007): Rekord bei geringfügig Beschäftigten, 15.1.2007. Online unter: http://derstandard.at/ (2007-01-15)

dieStandard.at, 5. April 2007

5

Die Einbeziehung von Männern

In or Out of Policy Making: Inclusion of Men in Gender Equality Policy

Nadejda Alexandrova

The Origin of Concepts

Contemporary studies on masculinity and international gender policy makers speak of the *inclusion* of men in policies concerning gender balance in society. *Inclusion* presupposes a former *exclusion* or some kind of hostility towards men in gender policy making. A tour in women's history shows that *exclusion* is a patriarchal strategy of reducing the participation of women in public life and decision-making. Suffragist and feminist movements have accused the patriarchal order of affirming gender inequality through the distribution of power and goods. The waves of feminism leading to the political and social presence of women in all spheres of society have influenced the dominant discourses on sex and subjectivity but also the traditional stereotypes of masculinity and femininity. Emancipation was about the *inclusion* of women and it used ideology as well as the achievements in technology and genetic engineering to prove the necessity of such inclusion. In view of the still on-going and difficult *inclusion* of women one might argue that to discuss 'gender policies for the *inclusion* of men in policy making' sounds absurd because it would mean to include those who have been dominant in policy making for centuries. However, this point of view may rather be called 'essentialist' because it stems from the initial exclusionary presumption that all men have dominated all women. In this article *inclusion* is based on the assumption that there are multiple sources of power and dominance in our contemporary world and that different social groups in different places can join or leave certain regimes of power. From this standpoint we also use „gender" as an analytic concept that is relational and dynamic in attributing agency to a person or a group.

Although I am still sceptical if *inclusion* is a correct terminological invention by policy makers, I would like to discuss how simultaneous processes such as the implementation of the EU's accession criteria and the economic transition period in Bulgaria since 1989 have had consequences for Bulgarian men, and how gender balance is confronted with stereotypes of masculinity or femininity, or applies to the specificity of same-sex relationships.

In order to introduce gender equality in legislation and in practice, the society should pay attention to ways of involving not only women but also men in policies concerning gender equality and prevention of discrimination. Moreover, in Bulgaria to raise awareness for gender equality is rather complicated due to the pile of ideological layers proclaiming factual and legal equality between the sexes which was achieved during the last century.

Therefore, beside the social actors that can contribute to the process of the *inclusion* of men in gender policy making, an important role should also be attributed to the media and their power of representation. By using the media concepts such as gender, masculinity, or homosexuality can enter the public discourse. But media can also help to outline the causes and effects of the transformation of traditional images of femininity and masculinity and to create a higher level of tolerance of the new identities that emerge in today's world.

Taking as a starting point the historical dynamics of exclusion and inclusion of men in gender policies, I would like to discuss several factors that have played a decisive role in the analysis of the effects that social change has brought to men in the last decades – in Bulgaria and globally. The term 'gender' was designed to imply interconnections between men and women in structures of power (Scott 1986:28-50). It required awareness that the processes of changing social roles of women are relational and have reflected also on men. The emancipation of women, their new opportunities in the labour force and new options for family life in the 20th century have also changed the traditional role of men which has been shaped by the patriarchal order. Emancipation has challenged the traditional forms of masculinity, allowing for new types of masculinities to develop. However, the evolvement of these new types of masculinities has remained invisible to the public. For much of 20th century they have survived hidden by the monolithic image of the white, middle class, heterosexual man. The invisibility of these new types of masculinities to the public contributes to the reproduction of gender inequality both materially and ideologically. Emancipation concerns both men and women, and more concretely, it concerns both traditional forms of femininity/masculinity and newly evolving ones. Therefore any initiative to improve the condition of women must include efforts to acknowledge the changes that happen to men. It should take into consideration the access to power of different groups of men as it applies the concept of difference to women. If feminism speaks only on behalf of women, and there is no acknowledgement of the impact that those new forms of masculinities have on social relations, then any initiatives in achieving gender balance will be "doomed to failure" (Kimmel 2003:20)

The efforts to make contemporary men and new forms of masculinities visible have resulted in introducing pluralism in the definitions of masculinity, so that the multiple meanings of manhood can imply profiles comprising different variables – e.g. black, unemployed, homosexual men living in rural areas, etc. Even though plurality had some effect in imposing the idea of diversity of masculinity, rather than one essential form of masculinity, the concept was again criticized largely for its inherent attachment to historically specific moments and for its discredited conceptual potential (McMahon 1993, Hearn 1996, 2004). Plurality refers also to what this article suggests at the beginning: the dynamics of inclusion and exclusion are based on such plural meanings of manhood, and there are indeed different groups of men that have been excluded from decision-making in a similar way women have. But at the same time, within their own communities, they might have been granted power to decide and participate in the formation of social networks. For example, the Bulgarian Roma minority has been traditionally segregated, and the changes of '89 worsened their situation. Men belonging to the Roma minority have hardly any access to politics, suffer from unemployment, harassment and readily join the black economy. On the other hand, as part of the initiative 'The Decade of Roma Inclusion 2005-2015', activists from Roma NGOs have started to co-operate with gender organisations and other non-governmental organisations that defend gay rights, or work on the prevention of trafficking and drug abuse.

Reassertion and Resistance – Types of Discourses about Men

Some researchers (Pringle 2005) suggest to widen the terminological spectrum through notions connected with individual and collective practices of men. The questions of experience and affective investments which have been actively discussed from a gendered perspective can also be attributed to men – post-socialist men, post-colonial men, new men, or metrosexual men, etc. The plurality of experience calls for an interpretation of the concrete definition within the public discourses about men. These public discourses determine who - in some concrete and well-defined context - is 'in' and who is 'out', e.g. white heterosexual male migrants from Eastern Europe doing construction work in Western Europe are often excluded from public attention. However, their status and social position in their native country and the country of migration can be quite different.

When Kimmel discusses the question of "bringing men into gender equality work" (2003:32), he divides the discourses about men into two lines of thought. The first uses the rhetoric of hegemonic reassertion and includes various types of images of men in power, men in the mainstream, and men on the far-right political spectrum. The second type of rhetoric Kimmel calls the "rhetoric of resistance" (ibid.). It involves networks of experts and researchers, such as IASOM, NOMAS, CROME, that apply a gender perspective to promote gender equality. This line also comprises some of the activists and researchers who deal with queer theory and gay/lesbian studies which have gained significant public attention in recent decades that saw a growing visibility of homosexuality.

These two types of rhetoric have their variations and specific manifestations on regional, national or transnational levels. They are both prone to the use of masculinity as "rhetorical currency". In Kimmel's view masculinity has become a rhetorical currency in the rhetoric of reassertion of a patriarchal hegemony. Especially in view of the rebirth of extreme right organisations throughout Europe, the "rate" of this rhetorical currency is quite high. The traditional forms of masculinity are challenged by feminism, homosexuality, economic changes and global migration flows. An immediate reaction to the fear of change is exactly the kind of hypermasculinity manifested in outward appearances and in a return to traditional manhood and patriarchal values and norms. The kit of that rhetoric of reassertion consists of anti-Semitic, racist, nationalistic slogans, a call for the restoration of the great historical past of the nation and the mobilisation of women to turn to their reproductive function in order to produce new sons of powerful fathers. What I try to portray here is not the full and complete repertoire of that rhetoric, but only several of its leading strategies. This kind of repertoire, often prominently reproduced by the media, not only hinders the awareness for ethnic and sexual differences but also puts enormous pressure on the socialisation of young boys "to exaggerate traditional masculine stereotypes of strength, false control and risk-taking" (Kimmel 2003:33). This is a serious concern in all social efforts of bringing men into gender equality policies, for not only politics but also the sphere of education has to be involved in the strategies of *inclusion.*

However, the main scene of decision-making has been predominantly male, and further efforts should be made to raise awareness among politicians working on issues concerning gender equality and equal representation and opportunities for men and women. At this point of Kimmel's classification of discourses about men I return again to the initial idea of the *inclusion of the 'included'*. Men in mainstream politics are either not sensitive to such *inclusion* and leave questions of gender difference to women in politics and NGO's activism or they use *inclusion* in gender equality policies as yet another, indeed very successful "rhetorical currency". Here I would like to argue that apart from the initial use of the term "rhetorical currency", there is another use of masculinity as such a currency. It is connected with what Steven Sampson calls "the social life of projects" (Sampson 2002). Men in mainstream politics use the issue of social change in masculinities as a means for doing project activities and receiving funding for social work. "The social life of projects" means that social debates and key issues in society become subject of research interest especially if they are organised and co-ordinated in the form of a 'project' which has certain phases and goals and often relies on international funding. Certainly, doing research and turning viable ideas into practice is a cherished form of social activism. However, the organisation of that 'life of projects' as a reflection of the 'social life' involves a lot of bureaucratic work and the use of specific project 'slang'. It holds the risk of the rhetoric circulation of terms, ideas and best practices whose implementation in society is quite difficult. For example, during the EU accession in Bulgaria there were plenty of research projects that analysed the social and political impact of Bulgarian membership in the EU on the life in the country, including also projects on the implementation of gender equality policies in Bulgarian society. But in view of the little interest that male politicians have in gender policies, one can suspect them of referring to *inclusion* of men as yet another term from such project slang. Therefore, one should be careful not to reduce *inclusion* to the utilisation of funds, and not to transform the term to just another coin in the rhetorical currency of European bureaucracy.

The other type of rhetoric concerned, the rhetoric of resistance, has the potential to activate public discourses that acknowledge the process of diversification of masculinities. On a theoretical level it was inspired by the work of male philosophers such as Derrida, Foucault, Deleuse, Guattari, etc. whose work on subjectivity, power and homosexuality, to name but a few big topics, has inspired feminist scholars and has permeated various approaches to inequality, power distribution and identity. Apart from the huge impact of contemporary scientific research, on the level of social activism and feminist calls for social change, male pro-feminist formations emerged that formed world-wide networks and expressed willingness to introduce legal measures against discrimination and for equal participation of women and men in public life. In the sphere of domestic work and paternal family duties the family laws have also contributed a lot to the enhancement of the role of fathers as caretakers and for the balanced distribution of the obligations within the family, where the rigidity of stereotypes is still very high.

Other types of rhetorical strategies within the rhetoric of resistance concern homosexual people and communities whose claims for equal participation and tolerance have reached politics and have contributed to specific legislature concerning gay marriages and the adoption of children. It is a global tendency that both genders acknowledge homosexual relationships despite the fact that in many traditional societies these relations are still approached with much hostility. Gay activism is also about the *inclusion* of men whose sexual and public behaviours have been excluded by society. It exploits the rhetoric of resistance to distinguish itself from other types of social activism concerning men, but at the same time gay activism is related to what the inclusion of men in gender equality policies is about. It argues for the inclusion of men whose lifestyle and sexuality have been largely excluded from the public.

The scheme that I have described so far is a humble effort to shape the general types of rhetorical strategies which comprise the public discourses about men. The rhetoric of reassertion uses *inclusion* mostly as a rhetorical currency which secures dominance of men in politics even when gender policy is concerned. And the rhetoric of resistance seeks *inclusion* of underprivileged groups of men who have been excluded from public life or political decision-making for a long time. However, regional differences and historical moments do have an impact on the discourses about men, therefore I would like to briefly outline the situation in the post-socialist countries in the last two decades which is generally known as a period of transition to democracy but which is also known for growing inequality on every level, and for the deterioration of the living conditions for women but also for men.

Inclusion and Exclusion in the Transition Period: Bulgarian Men and the Discourses of Resistance and Reassertion after '89

Although it is somewhat debatable as a term (Watson 2002, Muharska 1999), the transition to democracy taking place in the ex-communist block after '89 comprised a number of economic changes, social changes of statuses and cultural changes of acclaimed values. It enhanced social inequality in various aspects, intensifying also the process of unequal treatment on the basis of gender. The rhetoric of resistance and reassertion is quite visible in the discourses about men and masculinities in the whole region. In the case of Bulgaria there is a growing tendency of reasserting traditional images of masculinity, as a result of developments such as the masculinisation of property or the feminisation of labour. On the other side of the social spectrum, hypermasculine men in classy cars guard the new businessmen and politicians. The rhetorical currency that these types of masculinities use is closely connected to the issue of mother-nation and the reproductive role of women – lovers and comrades of the powerful men. The discourse of resistance, as described above, is a weaker one. In Bulgaria it is connected with recent activism of homosexual organisations and the echo of the international gender-oriented regulations. In the following paragraphs I will describe a few characteristics of the discourses of reassertion and resistance in Bulgaria. In fact, due to commonalities in all CEE countries during the transition period, the situation in Bulgaria is similar to that of other post-socialist countries (Kambourov / Novikova 2003). Still, Bulgarian masculinities bear some distinctive features which range from traditional Balkan masculinity to the metrosexual men.

There are certain economic reasons sparking off the process of reassertion of the dominant role of men in public life and in the family. They are linked to each other and initially start with the presumption that the state economy's collapse lead to poverty, unemployment and transformation of many social policies that have previously kept up a gender balance in the family (Stoyanova & Kirova 2004). For instance, the duration of paid paternal leave was reduced as well as the number of kindergartens. This created a rather difficult situation for emancipated women who previously had access to the labour market because there were state supported facilities to guarantee the upbringing of their children. The distorted balance in the family also reflected on men, attributing a greater burden on them as the family's breadwinners. Bulgaria is no exception to the problem regarding the gender pay gap, and of burdening the man in a family with having to care for high living standards. Men have to return to their traditional role in the family. Discursively, this is put in practice by the rhetoric of reassertion. There is a tendency to restore patriarchy based on economic grounds. In times of economic crisis and a continuous feminisation of certain professions in the spheres of education, social administration, health care, etc, men become the major breadwinners in the family. Their responsibility grows but their chances to secure high living standards for the family diminishes. In a dismantled system of moral values, and with competition for the possession of power and goods, the role of a patriarch is hard to handle.

Another typical feature of the transition period for the whole CEE region, which has drastically affected the rate of unemployment, is the big industrial closures due to the lack of previously guaranteed markets in the COMECON – the former economic organisation of communist states that ceased to exist in 1991. Education during Socialism had produced a lot of qualified male specialists whose career in the huge industrial complexes was guaranteed. Over the last 17 years, due to the lack of job opportunities, branches of engineering like Energetic or Agricultural engineering, received little appreciation in Bulgaria. There were predominantly men working in these industries and the closures made plenty of them change their qualification and field of interest. The effect was not only economical but also psychological, because their profession had lost prestige and social appreciation. These masculinities in crisis have suffered under considerable public neglect, and their inclusion in social activism equals the efforts of both economists and media to reassert social prestige and value to such work.

Considerable changes also happened in another traditionally masculine field – the military. All national armies of the post-socialist countries have been restructured and reduced in size in the years since 1989. Bulgaria's military politics, in accordance with NATO directives, included a reduction of armed forces and a change from the mandatory military service to a professional military system. The personnel were drastically reduced and all men trained in military operations had to find other civil jobs. Men in the military lost social prestige, because lots of them became unemployed or remained within an unflexible army structure, which was difficult to modernise. In recent years, since Bulgaria joined NATO in 2004, the process of modernisation of the army accelerated. The old image of the socialist military officer lost prestige and was transformed to the image of the professional ranger who takes part in international peace-keeping operations. This change of image is also linked to the rhetoric of reassertion. The ranger is another hypermasculine figure, widely acclaimed in Hollywood films. Recently, this figure has been spread by films produced in Central and Eastern Europe, especially in Russian series such as "Rodina zdet" ("The country calls us'). In the expansion of that hypermasculine image the film industry kept attributing moral values such as bravery, generosity and love for the nation.

Besides the figure of the ranger as a restored soldier of the country another image of new national defenders exists. Bulgaria joined the pan-European tendency of evolving new right-wing parties and movements. For instance, in the last parliamentary elections the far-right nationalistic party "Ataka" ("Attack") got 8.93 % of the votes cast and 21 seats in the Bulgarian parliament. Formations such as "Ataka" usually consist of militant young men who refer to the Turkish, Roma or Jewish minorities in the country with racist and homophobic attitudes. They support their arguments by resorting to Bulgaria's glorious past and its national heroes. The stories of the invincible Bulgarian army have been circulated widely in the past 17 years reaffirming the old traditional male stereotype of the sons of the nation.

Another example of the use of the rhetoric of reassertion are the masculine figures from the social milieu of the *nouveau riche* formed in the years after '89. Today's men in power, politicians or businessmen are often seen as the ancestors of the former "red bourgeoisie". During the 1990s such men in power had access to funds, information or illegal markets, during a criminal privatisation of national wealth (Muharska 2007). The "criminal transition" is connected with the figure of the 'mutra' – ex-sportsmen who took part in the distribution of land and funds in the 1990s using the mafia principle of pressing money from the small businesses for protection of their enterprise. The mutras (the literal translation of the word is 'ugly face") reasserted the image of hypermasculinity. The 'mutra' as a specific type of masculinity evolving in Bulgaria during the transition period became part of a whole set of new social phenomena, involving also a change of the image of femininity during Socialist times. With the mutra-man in his classy car there is the 'mutress' – a Barbie girl, dressed in tight clothes, wearing heavy make-up.

This new female image has also been reproduced by another phenomenon of transition – the 'chalga' music. It is a type of music which contains a lot of oriental motives and relies very much on the aggressive sexuality in the visual representation of its performers. They are usually sexy young women who exhibit their bodies and sing about mutras, love and money (Ditchev 2007). One can call such type of femininity the 'material girls' who came as a result of the changes in the images of the type of masculinity, called 'mutra'.

This new images of femininity and masculinity have received a lot of public attention and have became role models for young Bulgarian boys and girls especially in the mid-1990s. In the course of time mutras, connected with some kind of post-socialist 'primary capital accumulation', slowly disappeared from the public or refined their image, becoming decent businessmen. Today men in power are predominantly politicians and businessmen whose careers are somehow connected with the red bourgeoisie (Bulgarian prime-minister Serguei Stanishev is the son of a former executive of the Politbureau of the Communist Party), or with the security business in the 1990s (the mayor of Sofia, Boyko Borisov, was a former personal security guard of ex-dictator Todor Zhivkov and a loyal Chief-Secretary of the Ministry of Internal Affairs during the government of the former Bulgarian king Simeon Saks-cobburggota). A researcher in masculinities calls this type of new masculinities 'the grotesque masculinities of kleptocracy' (Muharska 2007) because of the way these men in power have profited by a criminal privatisation of former national capital.

So far this article provided examples of the use of the rhetoric of reassertion in Bulgaria during the transition period. As far as the rhetoric of resistance is concerned, it can be connected to the efforts of the homosexuals in Bulgaria to receive public attention and to try to change the climate of hostility towards their sexuality and public presence. Except for a few researchers in the Academia, there are no visible male pro-feminist activists; therefore I will concentrate mainly on the way homosexuals try to resist and react to the public attitude to that type of masculinity.

Interviews made during research projects show that homosexuals in Bulgaria do not consider themselves a specific "community", and apart from a few activist organisations they do not feel the need to participate altogether in strategies of resistance to dominant images of masculinity. Being excluded from official public life for so long has made those men join fluctuating circles of friendships and establish only personal connections among themselves. In times of provocation on the part of the rhetoric of reassertion the interviewed homosexuals refer to the international legal regulations that have been implemented in Bulgaria in recent years as a requirement for the accession of Bulgaria to the European Union. The rhetoric of resistance on a wider, international level, has urged gay and gender activists to act together for the implementation of the Law on the Protection from Discrimination (in force since January 1, 2004). Still a lot of debatable legal issues such as gay marriage and adoption of children have not received public approval. There is awareness of the need of visibility and social pressure for protecting different masculinities. The rhetoric of resistance still has not so many local means for making homosexuals visible. It functions mostly by transferring Western points of view and best practices concerning the underprivileged groups. This process of transference of Western best practices to the Bulgarian context is sometimes problematic because the social players may not identify themselves with the ready-made masculine and feminine characteristics attributed to them.

Strategies of Inclusion

In the final part of this article I will return to the ways privileged or underprivileged groups identify themselves as being included in or excluded from gender policy. The use of *inclusion* as a term that refers to previously excluded groups of men can easily be linked with gay activism as discussed above. In the case of Bulgaria it is somewhat paradoxical, however, to try to include a group that does not consider itself a community but a fluctuating network of men who might be different in their access to power. Surely, despite the difference in class, ethnicity or age, homosexuals still have the discomfort of being treated with disdain and hostility by the majority of heterosexual men and women in Bulgaria. Therefore, the strategies of inclusion should focus not so much on the translation of ready-made Western types of rhetoric, but in mechanisms of building tolerance towards those who are different in any respect. There is one huge source of discursive messages – the mass media. Instead of promoting only the rhetoric of reassertion and the scandalous images of hypermasculine men and eroticised women, the media in Bulgaria should focus on telling the stories of underprivileged groups. Such *excluded* masculinities are those men that have lost their access to power due to the collapse of the economy in the past 17 years and those that have traditionally been excluded from public attention, such as homosexuals or men from ethnic minorities.

The media also have the means to promote the need of gender equality to male politicians who are not sensitive and only vaguely aware of gender policies. On the one hand, through the means of media the issues of gender equality can become widely known and better understood by the society as a whole, and especially by those politicians who govern and create regulations. On the other hand, the media can serve as a critical instance of power to all Bulgarian politicians who instead of searching ways to implement the new regulations in the sphere of gender relations refer to the issue of *inclusion* as a term from the repertoire of 'projectography' – the practice of winning project after project instead of practically representing those groups that have scarce access to power and politics. This situation is due to the phenomenon discussed above – the use of *inclusion* as a 'rhetoric currency' by politicians who want to participate in the distribution of international and national funds by taking part in projects on social policies. Therefore, much effort should be directed at creating awareness among mainstream politicians about the issues of gender and masculinities in crisis. This crisis is a result of local and global economic, social and political factors. The crisis of masculinities is deeply hidden in society due to its regenerating patriarchal structure. In this respect, *inclusion* should be yet another strategy to challenge the regeneration of patriarchy instead of a bare bureaucratic term which serves “the social life of projects”.

References

Kimmel, Michael S. (2003), Global Masculinities: Restoration and Resistance. In: Novikova, Irina / Kambourov, Dimitar (eds.), Men in the Global World: Integrating Postsocialist Perspectives. Helsinki: Aleksanteri-instituutti/Kikimora Publications.

Muharska, Ralitza (1999), Silences and Parodies — the feminist dialogue East-West. Where are we?/ Мълчания и пародии -фемнисткия диалога между Изтока и Запада. Къде сме ние? In: Muharska, Ralitza (ed.), Mothers and Daughters. Generations and Directions in: Bulgarian Feminism/ Майки и дърщери. Пътиша и посоки в българския феминизъм. София: Полис.

Muharska, Ralitza (2007), The Grotesque Masculinity of Kleptocracy. In: Daskalova, Krassimira (ed.), Women, Gender and the Cultural Production of Knowledge. Sofia: Aspasia.

Murphy, Peter F. (ed.) (2004), Feminism and Masculinities: Oxford University Press.

Pringle, Keith (1995), Men, Masculinities and Social Welfare. London: UCL Press.

Sampson, Steven (1996), The Social Life of Projects. In: Dunn, Elisabeth / Hann, Chris (eds.), Civil Society: Challenging Western Models. London: Routledge.

Scott, Joan (1986), Gender: A Useful Category for Historical Analysis. In: Gender and The Politics of History: Columbia UP.

Scott, Joan (1992), Experience. In: Scott, Joan / Butler, Judith (eds.), Feminists Theorize the Political. New York and London: Routledge.

Stoyanova, Kapka / Kirova, Alla (2004), Social and Economic Infrastructure and Measures for Gender Equality in Bulgaria. Sofia: Center for Women's Studies and Policies.

Watson, Peggy (2000), Rethinking Transition. Globalism, Gender and Class. International Feminist Journal of Politics, Summer, 2.

Kurzbiografien der Autorinnen

Kurzportraits der Autorinnen

Nadejda Alexandrova ist Assistenzprofessorin an der Fakultät für Slawische Studien der Universität Sofia „St. Kliment Ohridski". Sie absolvierte die Universität Sofia sowie die Central European University in Budapest. Zur Zeit arbeitet sie an ihrer Dissertation. Als Mitglied der Fakultät für Gender Studies an der Universität Sofia wirkte sie an verschiedenen internationalen Forschungsprojekten in den Bereichen Migration, Gender, Herrschaft und Nationalität mit.

E-Mail: n.alexandrova@dir.bg

Milica Antić Gaber ist assoziierte Professorin für Soziologie und Gender am Institut für Soziologie der Universität Ljubljana und Wissenschaftlerin am Mirovni Inštitut (Peace Institut) – Institut für moderne Sozial- und Wirtschaftswissenschaften. Sie ist Vorständin des Instituts für Soziologie der Universität Ljubljana, Mitbegründerin des interdisziplinären Postgraduierten-Lehrgangs für Frauenforschung und feministische Theorie und Vizepräsidentin der Slowenischen Soziologischen Vereinigung.

E-Mail: milica.antic-gaber@guest.arnes.si

Hana Hašková ist Wissenschaftlerin am Institut für Soziologie der Tschechischen Akademie der Wissenschaften und Dissertantin an der sozialwissenschaftlichen Fakultät der Karls-Universität in Prag. Ihre Forschungsschwerpunkte sind Gender und Soziologie; Familie und Partnerschaft; Fertilität, Kinderlosigkeit, Geburt und Mutterschaft; Bevölkerung, Familie, Gleichstellung und Sozialpolitik; Pflege sowie Beteiligung von Frauen.

E-Mail: Hana.Haskova@soc.cas.cz

Živa Humer ist Dissertantin an der Fakultät für Sozialwissenschaften der Universität Ljubljana. Sie ist Absolventin der Central European University in Budapest in Gender Studies. Ihre Forschungsschwerpunkte sind Gender Studies, feministische Theorie, Familiensoziologie und Sozialpolitik. Živa Humer arbeitet als wissenschaftliche Mitarbeiterin am Mirovni Inštitut (Peace Institut) – Institut für moderne Sozial- und Wirtschaftswissenschaften an verschiedenen nationalen und internationalen Forschungsprojekten.

E-Mail: ziva.humer@guest.arnes.si

Verena Kaselitz ist Gründerin und Leiterin von Social Change – Institut für Innovation in der Genderforschung und Gewaltprävention. Sie ist Absolventin der Universitäten Wien und Salzburg (Medien- und Kommunikationswissenschaft). Ihre Forschungsschwerpunkte sind die Prävention von interpersoneller Gewalt, insbesondere von Gewalt an Frauen und Kindern, Gewalt und Migration, Gewalt in den Medien sowie Gleichstellung zwischen Frauen und Männern.

E-Mail: verena.kaselitz@aon.at

Alena Křížková ist Leiterin des Instituts für Gender und Soziologie der Tschechischen Akademie der Wissenschaften in Prag. 2007 promovierte sie zu „Geschlechterbeziehungen im Management und/von kleinen Unternehmen in der Tschechischen Republik" an der sozialwissenschaftlichen Fakultät der Karls-Universität in Prag. Forschungsschwerpunkte sind Arbeitsmarkt, sexuelle Belästigung, Work-Life-Balance und Geschlechterbeziehungen im Management.

E-Mail: alena.krizkova@soc.cas.cz

Beáta Nagy ist Assistenzprofessorin an dem Institut für Soziologie und Sozialpolitik der Wirtschaftsuniversität Budapest sowie stellvertretende Direktorin des Zentrums für Gender Studies in Budapest. Ihre Forschungsschwerpunkte sind Soziologie und Gender, ökonomische Soziologie sowie Soziologie der Europäischen Union.

E-Mail: beata.nagy@uni-corvinus.hu

Gwenaëlle Perrier ist Dissertantin am Institut d'Etudes Politiques de Paris («Sciences po») (Pariser Institut für politische Studien) und am Centre d'Etudes de l'Emploi (CEE) (Zentrum für Arbeitsmarktforschung).

E-Mail: perriergwen@yahoo.fr

Sabine Riedel ist wissenschaftliche Mitarbeiterin der Stiftung Wissenschaft und Politik Berlin, Forschungsgruppe Europäische Integration, und Privatdozentin für Politikwissenschaft an der Universität Magdeburg.

E-Mail: sabine.riedel@swp-berlin.org

Petra Ziegler ist Dissertantin zu „Geschlechtsspezifischer Lohnunterschied in der Europäischen Union und den Vereinigten Staaten" am Institut für Zeitgeschichte der Universität Wien. Sie ist wissenschaftliche Mitarbeiterin der Forschungswerkstatt für feministische Interdisziplinarität in Wien. Ihre Schwerpunkte sind Gleichstellung, Europäische Union, Prekarisierung und Arbeitsmarkt.

E-Mail: ziegler@forschungswerkstatt.org

FSC
www.fsc.org
MIX
Papier | Fördert gute Waldnutzung
FSC® C083411

Kolibri 360 GmbH
Ferdinand-Jühlke-Straße 7
99095 Erfurt, Deutschland
produktsicherheit@kolibri360.de

Druck:
CPI Druckdienstleistungen GmbH
im Auftrag der
Kolibri 360 GmbH
Ferdinand-Jühlke-Str. 7
99095 Erfurt